体育五千年

圣火相传的体育盛会

赵 鑫 黄 岩 杨春辉 / 编著

吉林人民出版社

图书在版编目(CIP)数据

圣火相传的体育盛会 / 赵鑫, 黄岩, 杨春辉编著
. -- 长春:吉林人民出版社, 2012.7
(体育五千年)
ISBN 978-7-206-09182-7

Ⅰ.①圣… Ⅱ.①赵… ②黄… ③杨… Ⅲ.①奥运会
- 通俗读物 Ⅳ.①G811.21-49

中国版本图书馆CIP数据核字(2012)第161397号

圣火相传的体育盛会

SHENGHUO XIANGCHUAN DE TIYU SHENGHUI

编 著:赵 鑫 黄 岩 杨春辉
责任编辑:李沫薇   封面设计:七 洱
吉林人民出版社出版 发行(长春市人民大街7548号 邮政编码:130022)
印 刷:永清县晔盛亚胶印有限公司
开 本:670mm×950mm   1/16
印 张:13   字 数:150千字
标准书号:ISBN 978-7-206-09182-7
版 次:2012年7月第1版   印 次:2023年6月第3次印刷
定 价:45.00元

目录
CONTENTS

目录

CONTENTS

目录

CONTENTS

古代奥运会的源起

古希腊共和国是一个神话王国，优美动人的神话故事和曲折离奇的民间传说，为古奥运会的起源蒙上一层神秘的色彩。有关古代奥运的起源的传说有很多，最主要的有以下两种：一是古代奥林匹克运动会是为祭祀宙斯而定期举行的体育竞技活动。另一种传说与宙斯的儿子赫拉克勒斯有关。赫拉克勒斯因力大无比获"大力神"的美称。他在伊利斯城邦完成了常人无法完成的任务，不到半天工夫便扫干净了国王堆满牛粪的牛棚，但国王不想履行赠送300头牛的许诺，赫拉克勒斯一气之下赶走了国王。为了庆祝胜利，他在奥林匹亚举行了运动会。

关于古奥运会起源流传最广的故事则是佩洛普斯娶亲的故事。古希腊共和国伊利斯国王为了给自己的女儿挑选一个文武双全的驸马，提出应选者必须和自己比赛战车。比赛中，先后有13个青年丧生于国王的长矛之下，而第14个青年正是宙斯的孙子和公主的心上人佩洛普斯。在爱情的鼓舞下，他勇敢地接受了国王的挑战，终于以智取胜。为了庆贺这一胜利，佩洛普斯与公主在奥林匹亚的宙斯庙前举行盛大的婚礼，会上安排了战车、角斗等项比赛，这就是最初的古奥运会，佩洛普斯成了古奥运会传说中的创始人。实际上，奥运会的起源与古希腊共和国的社会情况有着密切的关系。公元前9—公元前8世纪，希腊共和国氏族社会逐步瓦解，城邦制的奴隶社会逐渐形成，建立了200多个城邦。城邦各自为政，无统一君主，城邦之间战争不断。为了应付战争，各城邦都积极训练士兵。斯巴达城邦儿童从7岁起就由国家抚养，并从事体育、军事训练，过着军事生活。战争需要士兵，士兵需要强壮身体，而体育是培养能征善战士兵的有力手段。战争促进了希腊共和国体育运动的开展，古奥运会的比赛项目也带有明显的军事烙印。连续不断的战事使人民感到厌恶，普遍渴望能有一个赖以休养生息的和平环境。后来斯巴达王和伊利斯王签订了"神圣休战月"条约。于是，为准备兵源的军事训练和体育竞技，逐渐变为和平与友谊的运动会。

在希腊首都西南约300公里的地方有一块丘陵地带。它就是驰名世界的古代奥运会的发源地——奥林匹亚。

传说在远古年代，亚欧两块大陆是相连的。亚洲西部的太尔和西顿是阿革诺尔王国的领地。一天，国王的女儿欧罗巴同女伴一起来到海滨放牧。欧罗巴拿着花环走向牛群中一头特别健壮显眼的公牛并骑了上去。突然，公牛开始狂奔起来，带着欧罗巴一起跃入了波涛汹涌的大海。不知过了多久，耳边的风浪声息了，欧罗巴睁开双眼，周围的一切都是陌生的。没有了大海和女伴，连那头公牛也不见了。在她不远的地方躺着一位陌生的青年。欧罗巴想爬起来跑开，可是身体软绵绵的迈不开步，她想呼救可是这旷野连一个人也没有。这时她的耳边传来了那个青年的声音："亲爱的公主，你不要生气，也不要害怕。我是被世人尊称为万神之首的宙斯，那头公牛就是我变的。做我的妻子吧！这个大陆将用你的名字来命名，叫作'欧罗巴'。"这个美丽的神话就是希腊神话中古老欧洲大陆得名的由来。这个神话与古代奥运会有着密切的关系。神话中的主人公宙斯就是古代奥运会的精神主宰，古希腊庆典中的至尊神灵。

古希腊是一个神话王国，古代奥运会的起源也蒙上了一层神秘的色彩。关于它的起源众说纷纭，期间有不少优美动人的神话故事和曲折离奇的民间俗谈。而这些脍炙人口的神话与传说大都是关于宙斯和他的亲属的。

其一，宙斯的父亲克罗诺斯想把王位传给宙斯。为了考验一下儿子的本事，父子俩进行了比武。经过几天的激烈较量，宙斯获得了胜利，并且从父亲手中接过了万神之首的王位。为了庆祝这个胜利，宙斯举行了盛大的庆典，其中包括体育比赛。

其二，宙斯与美丽的女神阿尔克麦涅结婚后生了一个儿子名叫赫拉克勒斯。这引起了宙斯的另一个妻子，有万神之母之称的赫拉的嫉妒与愤恨。一天，赫拉趁无人在旁的时候，偷偷将两只毒蛇放在正在摇篮里熟睡的赫拉克勒斯的身旁，想用毒蛇咬死他。赫拉克勒斯从梦中醒来，看到毒蛇向他伸着利剑似的舌头便吓得大哭起来，急忙伸出两只胖乎乎的小手用力握住毒蛇。当母亲阿尔克麦涅听到哭声赶来时，婴儿手中的毒蛇已经死了。母亲又惊恐又高兴，脸上挂着泪珠，抱起孩子热烈地亲吻。她明知道是狠心的赫拉捣的鬼，可是又不敢声张，只好更加小心翼翼地保护这个幼小的生命。

赫拉克勒斯长到18岁的时候已经身材魁伟，仪表堂堂，力大无比，成了远近闻名的英雄，获得了"大力神"的美称。可是仁慈的母亲依旧担心狠毒的赫拉对儿子下毒手，便决定让儿子离开家，到很远很远的地方去。赫拉克勒斯同意了母亲的意见离家出走了。他是个善良、正直、勇敢的青年，富有同情心和正义感。离家后，他在高加索山搭救了为人类盗火而被宙斯悬吊在悬崖绝壁的普罗米修斯，在密林深处捕杀了残害人类的猛狮。一次，他来到伊利斯城邦，看到国王啊弗吉张贴的榜文，说谁如果能在一天内将他的牛棚打扫干净，就将他牛群的十分之一赏给打扫的人。国王的牛棚里共饲养了三千多头牛，因为常年没有打扫，牛粪堆积如山，一个人想用一天的时间打扫干净根本是不可能的。国王的重赏只不过是让人给他白干活的诱饵。赫拉克勒斯决定戏弄一下这个贪婪的国王。他晋见了国王，说他愿干这个活。他们谈妥后找来见证人签了一个契约，言明双方事后不得反悔。

大力神赫拉克勒斯把牛棚的隔板拆掉，在牛棚旁挖了一条水沟引来河水。没过半天工夫就把牛棚打扫得干干净净。他重新装上隔板，牛棚焕然一新。可是国王却赖帐了，他不但不履行自己的诺言，反而说自己从来没说过要给这么多的赏赐的事。大力神一怒之下赶走了国王。长期受国王欺压的百姓无不拍手称快。为了庆祝自己赶走了国王，庆祝自己历尽艰难险阻取得的胜利，大力神在奥林匹亚举行了运动会。

其三，在众多神话故事中，流传最广的要算佩洛普斯娶亲的故事，它在希腊许多故事中都一再提到。

佩洛普斯是宙斯的孙子。他的父亲因为触犯了神祇而被打入地狱。后来佩洛普斯所居住的西皮尔领地也被特洛伊王国侵占，佩洛普斯被迫离开家园来到希腊南部一个小岛定居。日子久了，人们把这个小岛叫作佩洛普斯岛。时间一天天过去，佩洛普斯成年了。他潇洒英俊，喜爱骑射、狩猎、垂钓。有一次，佩洛普斯狩猎归来遇见一位少女名叫基波达米娅，姑娘长得很漂亮。他们彬彬有礼地交谈，彼此很投机。这次邂逅相逢无论佩洛普斯还是基波达米娅，都久久难以忘怀。

佩洛普斯以后又几次来到他们偶然相逢的地方，希望能再次见到这位少女，可是每次都失望了。就在佩洛普斯苦闷不堪的日子里，传来了皮沙城邦国王要为唯一的公主挑选驸马以继承自己的王位的消息。这位公主就是基波达米娅。于是佩洛普斯立刻向皮沙城邦出发了。

消息传开后，举国上下奔走相告。应诏求婚者纷至沓来。可是就在这个时候，王室中因为自己的侄儿求婚遭公主拒绝而仇恨公主的神巫向国王发出了警告：如果国王让公主婚嫁，死神将降临在国王的头上，并断言这是神的意志，没有丝毫挽救的余地。这几乎吓晕了国王，他不愿为女儿的婚事而使自己过早地离开人世。在他与女儿之间他更爱惜自己。可是王令已出，势难反悔，正在他坐立不安的时候，他终于想出一个自认为很巧妙的办法既可使女儿出不了嫁，又可为自己开脱责任。于是他郑重宣布了入选条件：应诏者和他比赛战车，谁赢了就可以娶他的女儿。但是如果输了他将用利矛刺死应诏者。一国之王有的是高头大马，轻快战车，谁能比得上呢！跟他比赛无异于以卵击石自取灭亡。听到这个苛刻的条件后，许多应诏者纷纷带着失望沮丧的心情离开了。但是也有一些血气方刚的青年勇敢地接受了挑战。然而，这些青年都在战车中惨死于国王锋利的矛枪之下。因为共有13位青年死去，因此古希腊皮沙人在很长时间都把"13"当作不吉利的数字，甚至一提到它便毛骨悚然。

佩洛普斯不久就来到了皮沙城邦。这几天发生的事情都知道了。他不愿像一些人那样懦弱地离开，也不愿像那13个不幸者那样鲁莽地死去。赛场上凄惨的景象使他清醒地认识到国王马骏车坚，要战胜他确实不是一件容易的事。但是他希望能得到幸福，能娶上基波达米娅，这驱使他去冒险。他想，他首先要设法弄到几匹快马，然后运用自己的聪明才智去与国王较量。当一切准备就绪后他向国王提出了参赛的要求。

决战前夕，佩洛普斯烦躁不安，他来到了阿尔菲斯河畔。望着汹涌的河水久久出神，获胜的希望太渺茫了，也许明天我就会离开这个喧闹的人世，我多么想再见一见基波达米娅……突然他看到一位少女的身影，像基波达米娅，在离他不远的地方面对着河水沉思，是她，真的是她？佩洛普斯向她走去。

那正是基波达米娅。她从小失去了母亲，心情经常郁闷不安。虽说父亲非常喜欢她，但毕竟比不上母爱呀！自从遇见佩洛普斯后，她开朗了许多。可是回到王宫后，她又像失去了什么似的，现在两个年轻人又相逢了，他们互相诉说别后的思念，最后，基波达米娅劝说他赶快丢掉那些比赛的想法，不要做那种自取灭亡的蠢事，可佩洛普斯听不进去，他坚定地说："看到了你，我一切都知足了，即使死也无怨了。"

他们的谈话被站在不远处的国王车夫米尔蒂尔听到。善良的车夫这几天心情也不好，他觉得战车比赛无异于公开的谋杀。米尔蒂尔同情两个年轻人的不幸遭遇，决心冒着生命危险来成全他们，结束这种无情的杀人比赛。

第二天中午，比赛即将开始了。国王坐在自己华丽、轻快的战车里。喜悦地望着周身油光发亮的骏马，接着侧身望去，见到佩洛普斯的战车就在不远处的地方，他的战马是那么的瘦弱、矮小，战车又是那么简陋陈旧，这一切不仅不能与自己相比，就连与那些败在自己手下的青年人也无法比较。看着这位神态自若、眼睛炯炯有神且闪着智慧光芒的青年人国王内心产生了一种怜悯的心情，年轻人啊你太不自量力了。比赛开始了，国王的战车很快就跑到了前面。在第二圈时，他即将追上佩洛普斯的战车。他拿起矛枪准备刺杀，佩洛普斯看到后面迅速追赶上来的国王的战车，心里焦急万分，在这个千钧一发之际，突然一声巨响，国王的战车翻了，他被撞昏了过去，谁也不知是怎么回事。只有车夫心里明白。原来，他把一侧车轮的穿钉换上了木制的，木钉断了，车翻马仰，佩洛普斯得救了。

几乎与此同时，从王宫传来了呼救声："救火啊，后宫着火了！"佩洛普斯知道，后宫是基波达米娅住的地方。今天公主一定在那里焦急地等待赛场上的消息，为什么会突然起火呢？他立刻策马赶到现场，救出了被大火包围的基波达米娅。不久，侍者抓住了纵火者——神巫。

几天后，为了庆祝国王康复，庆祝两位年轻人的婚礼以及佩洛普斯继承王位，皮沙城邦举行了庆典活动，佩洛普斯成了古希腊运动会传说中的创始人。

关于古代奥运会的起源，有历史可考的则是伊利斯城邦与斯巴达城邦订立的神圣条约。公元前884年，伊利斯发生了一场灾难性的瘟疫，居民一个接一个地病倒、死去。往日繁荣欢乐的奥林匹亚出现了哀鸿遍野满目疮痍的景象。就在这时，伊利斯城的宿敌斯巴达却乘人之危向他们发动了侵略战争，斯巴达人满以为可以一举拿下他们垂涎已久的奥林匹亚，没有想到却遭到了宁死不屈的抵抗，斯巴达人久攻不克，在希腊其他城邦的调解下，只好放弃了原先的打算。斯巴达王李库尔格和伊利斯王伊菲特订立了神圣条约。条约规定，奥林匹亚为定期举办举行庆典的圣地，是神圣不可侵犯的和平圣地。任何人不得携带武器进入奥林匹亚。否则就是对圣地条约的背叛。各城邦都有权对背叛者进行制裁。但是还有另一种说法。即公元前884年，伊利斯瘟疫流行，伊利斯王伊菲特得到神的告诫：这场瘟疫是神对伊利斯特的惩罚，如果能在奥林匹亚恢复庆典活动，瘟疫灾难即可消逝。伊菲特执行了神的指示。这再次使古代奥运会的起源蒙上了神话色彩。

如果我们跳出神话传说和文学作品的樊笼，从现实生活中探究古希腊运动会的起源就不难发现，它的产生与希腊当时社会的政治、文化、经济有着密切的联系。

古希腊是一个城邦制国家，无统一君主，城邦各自为政。外来入侵内部纷争和镇压奴隶起义的战争，连年不断。特别是各城邦间相互争夺、并吞时有发生，而斯巴达人是这方面的急先锋。这个城邦人口不多，但是民性强悍，不事生产，专以掠夺，侵略为生。儿童从7岁起，就由城邦抚养，从事体育、军事训练，过着兵营生活。其他城邦虽不像斯巴达人那样，但为了应付战争，也积极发掘兵源。士兵需要有强壮的体魄，而体育是培养合格兵源的有力手段。这促使人们从事体育活动，战争促进了希腊体育活动的展开，但战争也使自己走向了反面。人们开始厌恶这种不断毁人家园、夺人子女、相互残杀的战争，渴望有和平的生活环境，渴望有休养生息的机会。于是，为准备兵源的军事训练，为准备兵源的体育竞技逐渐变为和平与友谊的运动会——古希腊运动会。这种竞技当时是祭奉某一神灵的祭奠活动的内容之一。古希腊当时虽是城邦割据，且相互厮杀，但他们都视彼此为同一民族。如奥运会规定只许希腊人参加就是一例，既然是同族同胞，自然不多数都是不满意这种长期分割、长期厮杀的局面的。他们希望能有一个至高无上的君主来造就一个和平、统一的希腊。这样的君主无法从相互敌视的任何一个城邦中产生，只能创造，于是受到全希腊崇拜的万神之首的宙斯出现了，被人歌颂的赫拉克靳斯、佩洛普斯这类英雄出现了。因此，古代奥运会起源中的神话传说与荒诞无稽的迷信是不可混为一谈的。

古代奥运会起源的另一个重要原因是当时的希腊奴隶制度。体育是社会文化生活的一部分，为一定的社会政治、经济服务，也受一定的社会政治、经济制约。当时希腊社会工商业与农业进行了简单的分工，担任生产劳动的是奴隶。奴隶主几乎全部时间都用来从事科学、艺术、文化、包括体育方面的活动。恩格斯透彻地分析了奴隶制度对希腊社会的发展繁荣所起的决定作用，指出："没有奴隶制，就没有希腊国家，就没有希腊的艺术与科学。"

我们知道，古代奥运会是因在奥林匹亚举行而得名的，首届召开时间是在公元776年。但实际开始时间要比这早得多，目的地也不仅仅是奥林匹亚。大约公元前1100年，在科林斯、雅典以及包括奥林匹亚在内的许多地方每逢祭典祈祷仪式之后，进食时，都伴有舞蹈歌咏和体育竞技。公元前776年后，在奥林匹亚举行的运动会，也只是希腊四大运动会之一。另外的三个是：皮西安运动会，举办地在科安菲，祭奉太阳神阿波罗，约起源于公元前6世纪，初期每8年举行一届，公元前582年改为每4年举行一届；伊斯米安运动会，地点在科林斯，祭奉海神波塞东，约源于公元前6世纪，两年一届；尼米安运动会始于公元前573年，原为纪念希腊王子奥佩夫斯而举办，后改为祭奉宙斯；自公元前573年在科林斯举办第一届后，每两年一届，与伊斯米安运动会在科林斯轮流举办。不过这三个运动会远不如奥林匹亚的规模大，影响深，且后来日趋衰落，不大为人知晓。因此，人们谈到古希腊运动会，是专指在奥林匹亚举行的体育竞技。

悠久的奥林匹克竞技

一、赛跑

1. 短跑

短跑是古奥运会上最初的唯一比赛项目。跑距约为192米。比赛分为预赛和决赛，运动员抽签决定组次和起跑位置。

2. 中跑

中跑是在公元前724年第14届古奥运会上首次被列为正式比赛项目的。中跑的长度是两个跑道长（384米）。在终点线折回处，转向石柱，竞技者绕过石柱，再返身往回跑，跑法与往返跑相似。

3. 长跑

长跑在公元前720年第15届古奥运会时被列为正式项目。就是在跑道上作多次往返跑，跑24个跑道长（4608米）。

4. 武装赛跑

该项目在公元前520年第65届古奥运会上被列为正式比赛项目。早期参赛者都身着铠甲，头戴盔帽，腿裹皮护膝，左手持盾牌，公元前4世纪，演变为赤身裸体手持盾牌参赛。起跑时采用单腿跪姿，跑距为4个跑道长（768米）进行两次往返跑。武装赛跑场面壮观、争夺激烈，是古奥运会的闭幕式。

在以上各项赛跑中，运动员裸体光脚跑，跑姿与今天大体相同。

二、摔跤

摔跤是古希腊人十分喜爱的项目，是各级学校的必修课。公元前708

年第18届古奥运会上，摔跤被列为五项竞技中的一项，同时又被列为单独进行的竞赛项目。

比赛之前，抽签决定对手。比赛中，只要肩、胸、膝等部位触地，即被判为失去一分，如失去三分便被判为失败。取胜的人再抽签分组，继续比赛，直到场上只剩下一人为止，这就是最后的优胜者。

三、五项竞技

该项目在公元前708年第18届古奥运会上被定为比赛项目，其五项包括赛跑、跳远、掷铁饼、掷标枪和摔跤。

1. 赛跑：与单独进行的短跑一样，跑距为192米。

2. 跳远：分立定跳远和助跑跳远两种。助跑跳远技术与现代很不相同。运动员必须手持1.5—4.5公斤的石制或金属制哑铃，古希腊人认为这样可以准确掌握两臂摆动的幅度，加大推力，增加跳远的距离，还可以保持身体平衡，使双脚平稳落地，按当时规定两脚落地不平行，成绩无效。跳远比赛在笛声伴奏下进行，目的是激发竞技者情绪、掌握助跑节奏和计算时间。

3. 掷铁饼

竞技者先在手上沾满沙子或泥土，然后持饼前后摆动，用上一步或上三步法投出。当时铁饼的直径和重量差别很大，无统一规格。由于缺乏保护措施，常发生伤亡事故。

4. 标枪

有掷准和掷远两种。枪长约1.6米，粗细与食指相同。用于投准时，安装有锋刃的矛头，用于投远时，安装无锋刃的矛头。在标枪的中前部，用细皮条缠绕，皮条尾端结成一个圈，投掷时将食指和中指插入皮套中，古希腊人认为这样做有助于保持飞行方向和投得更远。

5. 摔跤

与单独进行的摔跤不完全相同，每组只进行一局比赛便决出胜负，还禁止采用单项摔跤中的一些危险动作。

四、拳击

拳击在公元前688年第23届古奥运会上被列为比赛项目。比赛不分局数，不按体重分级，抽签决定对手，也不受时间限制，直到其中一方被打倒在地昏迷或举起右手表示认输为止。胜者之间再抽签拳斗，直到剩下一人为止。

五、混斗

混斗是由摔跤和拳击混合而成的一个竞技项目，在公元前648年第33届古奥运会上首次被列为比赛项目。

混斗比赛不像摔跤那样只将对手摔倒即可，而是要在规则允许的范围内用各种动作打击对手，直至对手丧失抵抗力或承认失败为止。规则允许采用的方法是：绊脚、堵鼻、揪耳、折断手指、掐脖子（不许掐死）等，为了取胜，有人还采用一些更危险的动作，所以，比赛中受伤致残、流血丧命的事件经常发生。

六、赛战车

在公元前680年第25届古奥运会上被列为比赛项目。比赛分为4马拉车赛和2马拉车赛，在长800米宽320米的赛马场举行。战车约跑10公里，各辆车都涂着不同的颜色，绚丽夺目，威武壮观。车赛十分激烈，竞技者赤身扬鞭，催马向前，车翻人伤的事故常有发生，跑完全程者通常不及半数。

七、赛马

在公元前648年第33届古奥运会上列为比赛项目。马匹无鞍、无镫，全凭竞技者的技艺比赛。一些竞技者在比赛中从马上摔下受伤甚至当场死亡。

车和马的主人往往是最富有的奴隶主，他们既想夺冠军，又担心受伤身亡，所以常让奴隶代为驾车和骑马，如果得胜，橄榄花冠要戴在主人头上，而真正的竞技者只能得到主人微薄的赏赐。

八、其他竞技项目

从公元前632年的第37届古奥运会开始，逐渐出现少年竞技项目，如少年赛跑、摔跤、拳击等，其规则要求和动作难度均低于成年人。

从公元前396年第96届古奥运会起，传令比赛和笛手比赛也列入了正式项目，并被作为奥运会的开幕式。

从公元前444年起，古奥运会出现了艺术比赛，有许多著名的学者、历史学家、诗人、戏剧家和艺术家都曾到奥运会上参加比赛，奥运会不仅推动了体育的发展，也促进了文化交流。

总之，在1000多年的奥运会历史上，主要竞技项目有十多项，大部分项目与军事有关，因此，比赛对抗性强、竞争激烈，有的项目甚至出现伤亡事故，但奥运会是以这些竞技体现勇敢、强壮和健美，体现古希腊人的崇高的理想和追求，因而给后世留下了宝贵的体育遗产。

古代五项全能

五项全能在公元前708年第18届古代奥运会上被正式列入比赛项目。古代五项全能比赛依次是：铁饼、跳远、标枪、赛跑和摔跤。前四项在竞技场举行，最后一项摔跤则在神庙旁举行。运动员只有在前四项中取得优异的成绩，才有资格进行摔跤比赛，摔跤的第一名就是五项全能的冠军。斯巴达人强壮的体格使他们在这个项目上占有优势，古代奥运会历届五项全能冠军，几乎被斯巴达人包揽。

古代五项全能与现代五项有很大的区别。古代五项全能中，掷铁饼的时候，选手得先在手上抹一层沙子或泥土，然后手持饼前后摆动，用上一步或上三步法在摆几次之后投出。当时的铁饼没有统一规格，就用一块扁平的石头，直径和重量差别很大。而且古代铁饼比赛的评判除了距离之外，选手姿势的优美程度也是一项非常重要的评判标准。

跳远比赛在悠扬的笛声中进行，据说这是因为笛声可以激发竞技者的情绪，让他们掌握助跑节奏。跳远运动员必须手持1.5—4.5公斤的哑铃，那些哑铃由石头或金属制成，古希腊人认为这样可以准确掌握双臂摆动的幅度，保持身体平衡，加大起跳时的推力，增加跳远的距离。另外还能使双脚落地更平稳，古代奥运会规定，双脚如果不同时平行落地，成绩将被视为无效。

古代奥运会最初的标枪就是他们的武器。标枪分为投准和投远，标枪的长度大约和人的高度相等，一般是一根长1.6米左右、粗细与食指相同的木棍。用于投准时，木棍的顶端安装一个锋利的矛头，投远时则不装。标枪的中前部用细皮条缠绕，在皮条的尾端打一个圈，投掷时将食指和中指插入皮圈中，古希腊人认为这样做能够把握重心，增大投掷的准确度和距离。

赛跑是最古老的运动，五项全能中的赛跑是短距离跑，也叫作"场地跑"，古希腊人称之为"斯泰德"，距离是192.27米。

摔跤是古希腊最为普及的竞赛活动，古代奥运会中摔跤不分体重级别，而且只允许用胳膊和上半身发动攻击，禁止采用危险动作，一局决胜负。所以高水平的摔跤运动员往往都是一些身强力壮的大力士。

现代五项的起源有一个故事，传说在19世纪，法国军队被困战场，一名年轻的骑兵受命突围求救。他小心翼翼地穿越敌阵的时候，被一名挥舞利剑的敌兵看到。二人以剑相斗，骑兵技高一筹，打败对方正欲打马飞奔的时候，胯下的坐骑却被另一名敌兵射杀，骑兵一枪打死敌兵，徒步向前跑去。在渡过激流险滩之后，终于将求救信送到目的地，法国军队也最终反败为胜。

实际上，现代五项由古代五项竞技演变而来，最初由瑞典军队体育联合会试行，从军队的实战需要出发，按照上述骑兵的路线，发展成马术、击剑、射击、游泳和越野跑等五个综合的运动项目。

赫拉竞技会

在神圣的奥林匹亚有两座重要的神庙，一座是宙斯庙，古代奥运会就是为了敬祭它而举行的，这是大家所熟知的公元前776年举行首届奥林匹亚运动会。另一座庙是赫拉神庙——奥林匹亚最古老建筑，它建于公元前650年，约早于宙斯庙180年。而在这庙前也曾举行过为献给她的祭祀盛会——赫拉竞技会。这是世界历史上的第一个妇女运动会。这一点却鲜为人知。

关于赫拉竞技会的起源，也有着美丽动人的传说：

赫拉是克洛诺斯的女儿，即宙斯天王的妻子。

当宙斯想同赫拉结为终身伴侣时，她还是个脸上带着稚气的少女。一个寒冷的冬日，赫拉独自在荒野郊外。一只受惊的鸟（杜鹃）冻得发抖突然飞来，她把鸟放在怀里让它暖和。其实，这只杜鹃不是鸟，而是她的未婚夫宙斯的化身，宙斯摇身一变，恢复原形后对她说：

"啊，赫拉，我想娶你作为我合法妻子，你跟我走吧，大眼女神，我把奥林匹斯山我的右边的辉煌宝座让给你。"

天真无邪的赫拉同意了宙斯的要求，在宫殿里举行了盛大婚礼。

一天，赫拉坐在天后宝座上闷闷不乐，因为宙斯下凡伊达山访问山泉仙女多日未归，她想了一条妙计使见异思迁的丈夫回到自己身旁。她决定下凡人间，以绝世美丽的面貌出现在伊达山。出发前，她来到自己的化妆室，关起门，用圣水洗了个澡，然后在身上喷上神香液，香气扑鼻，从天上到人间都能闻到，接着她用手把头上发亮的头发梳成小环状，把额上头发梳成波纹状，使之更能表现她那脸庞的娇艳，她穿上天蓝色连衣裙，腰系一条镶着珠宝的金光灿灿的腰带，披上华丽的头巾。最后，她像一颗灿烂的明星出现在绿茵茵的伊达山上。宙斯为妻子的姿色所惊讶，一见妻子，他的心为妻子的温存和爱慕所燃烧。他向妻子伸出双手。

尊严的天后赫拉是完美女性的典范，是忠贞妻子的形象，是妇女的保护神。虽然她是除阿佛洛狄忒（即维纳斯）以外最美的女神，但是她从来不会在向她求爱的众多仰慕者面前让步。她无情地惩处了污辱她的伊克西翁。因此，赫拉在众神面前，特别是在妇女面前有很高威望。

那时，战争频繁，民不聊生，妇女和儿童深受战争之害。因此，妇女们从16个城邦各选一名少女代表，到伊利斯向神祈求和平。神喻示她们，织一个披肩献给赫拉天后，每隔四年在奥林匹亚赫拉神庙前举行跑步比赛，以祈求赫拉天后保护，并也是给赫拉天后献上一份礼。于是开天辟地的赫拉竞技会出现了。它后来又被奥林匹亚的希腊男子所仿效。

用历史的眼光看，上述神话传说较有参考价值。奥林匹亚的赫拉神庙比宙斯神庙早出现180年，而赫拉运动会是史前时代的希腊妇女为祈求和平和丰收而进行的娱乐跑步活动基础上演变而来的。因此，世界史学家认为，赫拉竞技会早于古奥运会，并对古奥运会产生一定影响，这是历史的事实。

赫拉竞技会每隔两年举行一次，地点在奥林匹亚的赫拉神庙前。运动会开始前是庄严的献祭仪式，16位希腊少女把他们亲手编织的披肩放置在赫拉庙前，然后献上祭神的牛肉。仪式完后就进行运动会唯一竞技项目——赛跑。比赛按年龄分三组，跑的距离为500希腊尺，约是古奥运会男子赛跑的六分之五。运动员均是未婚女子。她们束发、赤脚、身着袒露右肩右胸的短衣裙，显得格外精神和充满青春活力。如今，在梵蒂冈博物馆还可见到公元前5世纪的一位女运动员的大理石像，那体形匀称优美的希腊女子正在象征胜利的椰子树叶旁准备起跑。

赫拉竞技会的优胜者，将得到崇高荣誉，她们除戴上橄榄荣冠外，还会得到一份祭神的牛肉，并在奥林匹亚留下她们的塑像或碑文。

赫拉竞技会所具有的竞赛规则、服装、奖励制度，证明它不但是古代享有盛名的竞技运动会，而且是迄今为止，我们所知道的世界历史上第一个妇女运动会。

言志修身话体育

在奥林匹亚圣地，有一尊青铜制的优秀运动员塑像非常引人注目。他形象高大，两手握着"哈勒泰莱斯"（halteres），一个类似哑铃的重物在跳远，显示出人体的非凡健美。这就是伊里斯城邦运动选手——休斯门。人们崇敬他。不只是因为他是五项竞技荣冠获得者，在竞技场上业绩非凡。更重要的是因为他为世人树立了做人的榜样，一个重病少年也能夺取奥林匹克冠军，他是信心的象征、毅力的化身。

休斯门的故乡伊里斯，就是拥有圣地奥林匹亚的城邦，在希腊享有盛名。他的父亲是一个制陶匠，会做各样的陶器，小到白酒杯，大至浴缸。陶器是人们生活中不可缺少的，制作出来陶器可以出售，生活便有了保障，休斯门有一个温暖的家。母亲慈祥，姐姐已达妙龄，他是家中最小的一个唯一男孩，甚得全家人的宠爱。休斯门童年无忧无虑，天天上学、经常锻炼身体，愉快地度过这段美好时光。可是，灾难突然降到他的头上，他身患重病躺在床上，两腿不能支撑身体，关节红肿疼痛难忍。当时这病很难医治。他父母求遍了所有医生、巫师，试用过各种草药，均未奏效。家里仅有的钱，都用来买牲畜，不断用牲畜祭祀神灵，但也并未赐恩惠给休斯门。全家人沉浸在痛苦之中，白天忙于各处奔走找医求药，晚上还要守在休斯门床前，他痛苦地呻吟，呻吟声触动着爸爸、妈妈、姐姐的心。这样过了一段较长时间后，全家几乎都失望了。钱也用光了。休斯门觉察到每当发出呻吟声，在床边的亲人就为之动容，为了使自己亲人不再痛苦，他下决心攥紧拳头、咬紧牙关不再呻吟。休斯门在疾病折磨下，磨炼了意志，一天天成熟起来。

在一个早晨，他向母亲说："既然疾病一时不见好，总要做点事情，我想开始学习。"母亲连连点头并十分高兴地答应满足他的要求。

第二天，家庭教师就被请到了家。这是一个中年男子名叫柳昆。一见面就会感到他是一个饱经风霜、富有人生经验的人。他有一副钢铁般的身体，古铜色的面颊，一双深邃的眼睛。教师和蔼亲切的谈吐，使休斯门精神为之一振。柳昆教师还精通医术，为休斯门做了详细身体检查，认定休斯门患的是风湿症，并决定采用按摩法进行治疗。每天，柳昆教休斯门背诗，讲英雄故事，同时他还亲自为休斯门按摩双腿，渐渐的使休斯门僵硬的肌肉重新有了活力。这样过了几个月，休斯门的学习进步很快，腿痛也好转起来。有一天，柳昆在按摩后，对躺在床上的休斯门说：

"休斯门，下床走走！"

这是一句很平常的话，但对休斯门这个已卧床不起多年的人来说，犹如一声霹雳，震撼着他的神经。他忘记了双腿的疼痛，一下子爬起来，当休斯门在床边站起来时，他由于极度兴奋，大声喊叫道："我站起来了！"之后便昏了过去。

母亲和姐姐听到异乎寻常的声音都跑进了屋。当他们看到眼前发生的事情时，惊喜得说不话来。

柳昆不慌不忙地说：

"不必吃惊，是神使你的儿子恢复了健康，请拿水来。"

休斯门很快恢复了意识，挪动双腿踏上地面。在亲人的支持下开始学习迈步。又经过一段时间的按摩和走步锻炼，休斯门可以独自行走了。随着病痛的消失，少年的身体渐渐强壮起来。有一天，柳昆把休斯门找到面前，对他郑重地说：

"好好听着，休斯门，神给所有人丰盛礼物，但那些不按神旨意去努力的人，神便要收回他的赠品。现在神在对你进行严格考试。神对你的忠诚、勇气和忍耐力表示满意，因而使你站起来了，并和从前一样强壮。这个考试还在继续着，你应该按照神的旨意继续努力……"

"先生，我应当怎样做，才能满足神对我的要求？"休斯门两眼闪闪发光，急迫地发问。

"你现在的任务是成为人们的一个榜样，要通过你的成功向世人说明：我们每个人，只要有信心，只要坚韧不拔不断地努力，最终神是给予恩惠的。天下无难事，只要肯攀登。我想带你去运动竞技中心，你将在竞技场上锤炼你的意志，修炼你的品德，同时也要显示你的勇气和力量。"

这样，柳昆带着他的学生休斯门每天去运动场，练跑、练跳、练角力、练投掷。起初，他两腿发软，经常摔倒，身上青一块、紫一块的。跑起来气喘吁吁，大汗淋漓……但休斯门在老师指导下坚持着，夜以继日。有的人见到这情景，都很不理解。有人说："这个疯老头带个傻小子，难道这是神在惩处他！"休斯门不受别人的讥讽的影响，继续苦练。苍天不负有心人，休斯门一天天好起来，不但身体强健，运动技能也提高了，更重要的是他的意志力磨炼得更坚强，而这正是一个竞技运动员所不可缺少的。

柳昆看到休斯门趋于成熟，就带他去见见世面。最初带他到尼米亚去参加少年短距离跑，初试身手就取得胜利。第二次去尼米亚参加成人五项竞技，又获得优胜。当两人兴高采烈回到故乡伊里斯时，奥林匹亚祭典正在准备之中。

经过一系列认真准备，休斯门在奥林匹亚竞技会上大显身手，一鸣惊人。休斯门一口气取得跳跃、投掷铁饼、赛跑的冠军，同时以压倒优势，取得梦寐以求的奥林匹亚五项竞技荣冠。正如他的老师柳昆所预言的那样：休斯门确实为人们树立了一个榜样。他的成功告诉我们，忍耐、信心和勇气的力量是不可战胜的。

日照奥林匹亚

由奥林匹亚圣地所开创的古代奥运会，前后经过293届历时1170年，它的历史充分反映了文化的辉煌成就：它象征着"和平与友谊"的竞赛宗旨和精神，迄今仍为世人广为传诵，它为世界体育运动的发展积累了相当丰富的经验，在世界体育史上占有重要的篇章。

位于巴尔干半岛南端的，是一个依山傍水、景色秀丽的岛国。在距离首都雅典西南大约332公里的一个幽静的山谷中，坐落着一个村庄，她既是古希腊最著名的宗教圣地，又是国际奥林匹克运动会的发源地，这就是奥林匹亚。

从19世纪末叶考古学家的发掘中我们得知，阿尔提斯神域的北面是克罗诺斯山，山脚下有12间宝物库，里面存放着各城邦献给众神的礼物；东面是一个长约98米的回响廊，将神域和赛跑场隔开；西南面则是一堵坚固的墙，将神域围了起来。神域里，供奉着古希腊诸神的祭坛，其中最有名的，当推众神之首宙斯和他妻子赫拉的神庙。

宙斯神庙是伊利斯建筑家修建的一幢典型的德里亚式建筑，该庙用云石砌成，四周是圆形石柱，墙上镌刻着精美的浮雕。走进神庙的黄铜大门，穿过一排排圆柱就可看到被称为古代世界奇迹之一的宙斯神像。这是一尊怎样的塑像呵，每一个见过它的人，都会永世不忘。神像的身体是用名贵的乌木和象牙雕成，衣服是用黄金薄片编缀，上面镶嵌着珍珠和宝石，眼睛里也装有两颗发光的宝石，宙斯头戴荣冠，右手托一尊胜利女神像，左手握着权杖，威风凛凛坐在黄金宝座上，令人肃然起敬。

与宙斯神庙遥遥相对的是他的妻子赫拉享受祭祀的庙宇，这是一个砖木结构的方形建筑，虽说豪华和气派比不上宙斯，但它的精巧和美观却受到建筑家的赞叹。而且，令人奇怪的是，它的出现，竟比宙斯神庙约早180年。

在赫拉神庙与宙斯神庙之间的是伯罗普斯墓。古奥运会的最初阶段，短跑曾在墓地与宙斯庙之间进行，后来这段距离被定为奥运会的短跑距离。

宙斯的大祭坛则在赫拉神庙与伯罗普斯墓的东面，每次运动会，这里都是祭神、宰杀牲口和陈放各城邦贡献祭品的地方。

紧靠赫拉神庙的西北角是宴会厅。据说，伊里斯人常在这里设宴款待奥运会的优胜者。

神域南面则是别具一格的议事厅。大厅里供奉着宙斯神像，每届奥运会开始时，运动员和裁判员在这里进行传统的奥林匹克宣誓。

运动场在神域的东北角，场地呈长方形，宽约32米，可供20名运动员同时进行比赛。长约192.25米，在一半距离处做急转弯调头，终点线自然回到起跑线旁边。

古希腊人崇敬诸神，尤其崇敬宙斯神，人们认为他是万神之主，以雷电为武器，维持着天地的秩序。

每年夏至后第二三个月（阳历七八月份），穿着艳丽民族服装的古希腊人，携带着各种祭神的贡品，聚集到这里举行隆重的祭祀活动。其仪式与内容主要有：敬祭诸神、民族舞蹈、音乐、唱歌和伴有竞技项目的娱乐表演。当闰年时，则要举行祭礼大典，其规模和形式就更为隆重壮观了。在这些活动中，体育竞技赛会随着运动项目的增加和会期的延长，继而又发展成为以纪念宙斯神为标志的、全希腊规模的奥林匹克运动会了。

这种竞技赛会，开始只是半宗教表演性质的。直到公元前776年才以比赛优胜形式出现，随后定为每四年举行一次，形成制度，以神的意志加以推行，这就形成了在奥林匹亚村举行的首届古代奥运会而正式载入史册。

当时，在奥林匹亚举行的奥运会，不单纯是一种体育竞技赛会，而且是一个由各种人士参加的盛大的宗教节日活动。每次运动会举行前期，便由三名经过严格挑选的纯希腊血统的运动员，在宙斯神庙前的祭坛上，用凹镜对阳光聚焦点燃"圣火"，运动员便拿着火炬出发，跑遍希腊全境各个城邦，传谕停止一切内外战争，所有道路自由通行，任何人不准动用武器，并禁止把武器带到奥林匹亚地区，停止一切偷盗、卖淫等行为，准备参加神圣的比赛，古希腊人称之为"神圣休战期"，最初有效期为一个月，后来延长至三个月。违背休战原则的人被认为是对神的背叛，将受到神的意志惩罚和联合城邦国家的最严厉制裁。当火炬回到奥林匹亚村，运动会在"圣火"前宣布开幕，这"圣火"要到运动会结束时才熄灭。

在运动会开始的前一周内，成千上万的人来到奥林匹亚村，各城邦的官方代表及教练员、运动员都得参加壮观的游行和宙斯的祭祀仪式。古代奥运会开幕式相当隆重，人们在宙斯神像前供奉牲口等祭品，包括竞技选手、裁判及大会组织者在内的全体参加者，向宙斯神起誓，诸如"永不把不正当的方法用于竞技"等等。接着，便在浓重宗教色彩仪式下，进行竞技比赛。

最初的竞技是在草地上进行，观众是站在山坡上观看的，以后才逐渐修建了各种类型的体育场馆和设施。

在宙斯神大祭场右侧的不远处，有古老的田径运动场和赛马场，这就是当初举行奥林匹亚竞技赛会的地点，在它的旁边还有角力场。古代奥运会的比赛项目，开始只有奔跑，距离是192.25米。后有了长跑，到第18届有了赛跑、跳远、标枪、铁饼和摔跤五项。第23届起增加了拳击，以后比赛项目逐届增多，比赛日期也从原先的一天延长到三天。

每当奥运会开幕时，来自各地城邦的政治使节们利用这一节日缔结联盟或讨论条约；艺术雕塑家们展览他们的作品；诗人们吟诵着华丽的诗篇；学者及老师交流各自的观点，时而发表即兴演讲等。与此同时，还有文艺节目的比赛和戏剧的演出；有商人和市民们的集市贸易和"博览会"，国家以此征收大量的税款。

比赛结束后，还将举行仪式表彰优胜者。人们用黄金小刀从神庙周围的橄榄树上割下枝条，插上棕榈叶，粘上毛制品，编成花冠，由主办者一一给优胜者戴在头上。这时，裁判向观众宣布优胜者的姓名、个人历史、父母的姓名以及所在城邦的名称。比赛优胜者受到人们的尊崇，称他们是宙斯神最喜爱的人，是城邦里最勇敢的勇士，雕塑家为三次优胜者塑像，让勇士的形象永远守在宙斯身旁。优胜者还将得到很多奖励和优待。

处于奴隶制时期的奥运会，虽然呈现出一派繁华热烈的气氛，但是明文规定，不是希腊血统的种族和奴隶是不准参加祭祀和比赛的。妇女更不能参加和观看比赛，触犯神条的女子将被从山顶推入万丈深渊，处以死刑。

在古希腊战争烽火连绵不断的年代里，奥林匹亚成为当时希腊社会、政治、宗教、文化体育和商业交流的中心，是人们朝夕憧憬的理想王国。

当公元前2世纪中叶，罗马帝国征服希腊后，运动会的情景便每况愈下、日趋衰落了。公元394年，罗马帝国皇帝狄奥多西一世下令禁止奥运会举行，古代奥运会从此消亡。以后，奥林匹亚经历多场战争和自然灾害（地震与特大洪水）的侵袭，而终于成了一片废墟，奥运会的遗址也被深深地埋入地下。

奏响奥运复兴的乐章

古希腊著名历史学家修昔迪地斯曾经断言："按照人的性质，过去发生的事件还将以同样形式再发生。"1500多年前消失的奥林匹克运动会又被人们发现，并受到人们的极力推崇，终于以全新的面貌出现在世界上，这是否应验了那位希腊历史学家的预言呢？

早在文艺复兴时期，有些学者在提倡古希腊文化的时候，就谈到了古代奥林匹克运动会。以后又有许多学者到奥林匹亚去考察。1828年，在希腊进行解放战争的时候，法国兵团的随军学者从奥林匹亚弄走了一些古色古香的珍贵文物。在巴黎展出，惹人注目。1852年后，德国考古学家开始筹划，动工发掘，历时多年，发现了奥林匹亚的主要建筑，出土了大量文物。1887年，德国学者在柏林公布了这次发掘结果，进一步唤起了人们对奥林匹克运动会的兴趣。学者们上述一系列活动，可以说是奥林匹克运动会复兴的启蒙。

1829年，希腊摆脱了土耳其的统治，恢复了独立。希腊人民更加珍惜自己祖国的文化、体育遗产。他们以古代奥林匹克运动会作为自己民族的光荣的象征。1859年、1870年、1875年、1889年，希腊先后举办四届奥林匹克运动会。虽然规模不大，成绩不高，也没有其他国家参加，自然也不大引人注目。但从体育发展历史角度来看，可以说这四届运动会是复兴奥林匹克运动会的先驱和序幕。

19世纪末叶，德国军国主义发展起来，妄图发动战争，重新瓜分世界。法国是德国近邻，它首先感到军国主义的威胁，加上法国人民曾在70年代普法战争中身受德军之害，备尝了战败的国耻，深深刺痛法国人民的心。因此，他们强烈呼吁"振兴法兰西"。

奥林匹克运动会的和平、友谊精神恰好符合法国人的和平愿望。复兴奥林匹克不仅有利于国际体育发展，而且有助于反对德国军国主义的斗争。这样，复兴奥林匹克运动会的历史使命，就落到法国人肩上。

历史还需要选择一个通晓古今，学识渊博，有热情、有才干，能领导和组织人们致力于此事的卓越人物，这个人就是皮埃尔·德·顾拜旦。

严格说，顾拜旦并不是世界上第一个提出复兴古代奥运会的人。在他之前，德国体育教育家古茨姆茨于1793年就提出过复兴奥运会。另外，德国考古学家库提乌斯于1852年也曾先后建议复兴古代奥运会。但真正将这种想法付诸实践的还是顾拜旦。

顾拜旦生于1863年1月1日法国巴黎一个名门望族。少年时代，根据父母意愿，他进入巴黎一所耶稣小学，在那里他受到古希腊文化良好的熏陶。古希腊文化那无法抗拒的魅力、古代奥运会那种诱人的神韵，极大地影响了他。

精明干练的顾拜旦经常在江湖中划船，在郊外骑马，骑自行车，在巴黎军事学校练拳击。他格外喜欢击剑，甚至能骑在马上击剑。1880年，顾拜旦高中毕业，他进入了大学选择了历史和教育学专业。

一个夏日的夜晚，17岁的顾拜旦在诺曼底家中看到一本英国历史哲学家泰纳写的《英国介绍》一书。泰纳认为英国的教育是一种理想的教育方式，这种教育，不但注重文化教育，而且注重体育教育。在这本书的参考文献目录中，他又知道另一本书《汤姆·布洛恩的学龄时代》，从那本书里，他了解了橄榄球，了解了著名教育家阿诺德的体育思想。阿诺德说过："运动是青年自我教育的一种活动。"这句名言在顾拜旦心灵中，诱发起致力于体育教育的火花。1883年他前往英国进行体育学术考察。在英国他访问了伊顿大学、牛津大学、剑桥大学和阿诺德的故乡。他对英国的学校体育课、课外活动以及郊游活动大为赞赏。

英国归来之后，顾拜旦以对阿诺德的研究获得了教育学学士。他还陆续发表了《英国教育学》《运动指导原理》《教育制度改革》等一系列著作。提出了不少改革教育和发展体育的主张和建议，引起了法国人注目，并产生了一定的国际影响。此时，法国报刊上响起了年轻改革者的声音："改革教育，要给法国青年带来体育，使他们在身体上和精神上健康成长，造就新一代法国公民。"

1889年，顾拜旦作为力主教育改革的年轻教育家被法国政府派往北美，全面研究有关体育教育问题。他先后到了纽约和新英格兰、路易斯安那、佛罗里达、弗吉尼亚、华盛顿和加拿大等地，考察了寄宿学校、中学、大学和体育俱乐部。他深深地体会到：体育给美国、加拿大一代青年带来崭新的面貌。北美之行开阔了顾拜旦的眼界，使他的思维不仅仅局限在法国。他认识到了体育运动所负载的和平使命，认识到体育是建立各民族之间的友谊，把全世界青年，凝聚在一起的最佳手段。由此，他自然联想到古希腊的奥运会，联想到神圣的奥林匹亚，古代历史上没有比奥林匹亚更令他心驰神往地方。在潜意识中，他萌生出用现代形式复兴古代奥运会的念头。

1892年，他在隆重纪念法国体育运动协会联合会成立三周年大会上，他公开倡议复兴古奥运。顾拜旦认为：古代奥运会的理想在于将人的身体、精神及灵魂结合在一起，形成一个整体，并将人类为了完善自身所需的全部力量聚集在自己的旗帜之下。这种理想是奥运会与一般体育活动的根本区别。

至此，顾拜旦在思想上完成了从倡导体育教育到献身奥林匹克主义的转变。

1894年6月16日，在顾拜旦的建议下，世界各国著名体育领导人在巴黎的索邦举行会议。参加会议的有来自12个国家的79名代表了49个体育组织。会议通过了顾拜旦提出的复兴古代奥运会的建议，一致决定，建立国际奥委会，以现代形式每4年举行一次奥运会，并决定1896年举行第1届现代奥林匹克运动会。为表示对古代奥运会发源地的敬重，第1届现代奥运会将在希腊首都雅典举行。为了使奥运会组织工作顺利进行，59岁的希腊人比基拉被任命为国际奥委会第一任主席，顾拜旦任秘书长，掌握着任命国际奥委会委员、制定各种规章、决定奥运会举办地点等一切决定权。

顾拜旦具有天才的领导艺术，擅于统率下属，喜欢凡事一个人说了算的领导方式。他从复兴奥运会到卸任的1925年，始终担任着奥林匹克运动的领袖，把自己全部精力、财产和爱心献给了奥林匹克事业。他把体育纳入文化史，给其指出了未来方向。他是当代国际奥林匹克运动先驱。他被称为"现代奥林匹克运动之父"是当之无愧的。

1937年9月2日顾拜旦病逝于日内瓦，遵照他临终嘱托，将他遗体安葬在国际奥委会总部所在地洛桑，心脏则埋在奥林匹克运动发源地奥林匹亚。

现代奥运史的端起

第一届现代奥林匹克运动会于1896年6月6日至15日在希腊雅典举行。13个代表队参加首届奥运会。运动员总数331人，没有女运动员。东道国希腊代表队最庞大，共230人，占总数2/3多。德国和法国次之均为19人，美国选手14人，其余各队均不超过10人。

法国人顾拜旦经过多年的奔走努力，完成了首届现代奥运会的思想和组织准备工作。1894年6月16日在巴黎召开了"恢复奥运会代表大会"和同年6月23日成立国际奥林匹克委员会是世界体育史上的大事。

鉴于有两届试办奥运会失败的教训，有必要修建一个像样的运动场。当时希腊国库空虚，很难拿出一笔钱修建。希腊王储康斯坦丁是个体育爱好者，他号召国内外的希腊国民捐款资助，结果虽筹集33万希腊币，但仍嫌不足。这时有一个名叫乔治奥斯·阿维罗夫的大富商挺身而出，致函王储，表示愿意负担全部92万希腊币款项。于是阿维罗夫顿时名扬海内外，成为希腊名垂青史的民族英雄。雅典的潘纳德奈运动场经三次改建后，终于建成了有47排座，能容纳7万观众的大运动场。场内跑道成U形又细又长，弯道半径小，全长333.33米。1896年4月5日阿维罗夫纪念碑落成揭幕。

第二天4月6日下午3点，希腊国王乔治一世宣布第一届奥运会开幕。国王在开幕词中说："但愿体育运动和它的道德观念有助于造就新一代希腊人，而无愧于他们的先辈。但愿奥运会的复兴能增进希腊人民和各国人民的博爱。"

由陆海军乐队和雅典市几个主要乐队组成的管弦乐队演奏和歌唱着由萨马拉斯受命作曲的奥林匹克圣歌（这首曲子至今仍是奥运会会歌）。当合唱队唱着下面这些歌词时，观众无不为之振奋：

古老，永恒的精神，

你是美丽、高贵的真实的化身。

快降临和照亮这个世界吧，

让世人亲眼目睹你的圣洁和光荣。

奏完国歌后，观众席上发出一浪高过一浪的欢呼声，数分钟后，由于观众的热情不减，乔治国王只得示意乐队和歌手再次演唱一遍奥林匹克圣歌。最后运动员退场。

随着小号再次吹响，21名运动员入场，开始100米短跑比赛。这一天，一共有3轮预赛，每一轮一二名参加决赛。选手们采取不同的起跑姿势，有的人站着，也有人蹲着；唯一相同的是大家都穿浅色短袖衫及长及膝盖的短裤。决赛中美国选手布尔克以12秒成绩获第1名。布尔克不同寻常的起跑姿势使他出发动作更具有爆发力。

奥运会第一项决赛是三级跳远决赛。共有10名选手参赛。第1次试跳的是法国人托费埃尔，暂时领先，轮到美国人康诺利出场，他在试跳前先将自己帽子扔到离托费埃尔着落点一英寸远的地方，以此向观众示意他将要跳的地方。当康诺利在比他帽子远几英寸的地方落地时，观众为他齐声喝彩。第一位现代奥运会冠军诞生了。在这第一个冠军颁奖仪式上，在场人员全场起立，希腊水手们将星条旗升到旗竿顶部，然后又高高举起康诺利参赛的号码。康诺利是美国哈佛大学本科学生，他自费来雅典参赛。但学校以"破坏校规"为名开除了他。后来他成了有名记者和作家。1949年康诺利已是81岁的老翁去哈佛大学缅怀他的业绩，学校授予他名誉博士学位，并在这位校友面前"认了错"。1957年康诺利谢世，享年88岁。

只有3个国家5名选手参加跳高比赛，这些选手来雅典之前，谁也没有认真练过这个项目。美国人克拉克，只跳了1.8米。

铁饼比赛只有11名选手参加。美国选手加特，只是到达雅典之前才见到两公斤铁饼为何物。这位20多岁普里斯顿大学生，把仿照古代图画，制作的5公斤重铁饼（钢制），在雅典掷出了29.15米，获得了冠军。同时他也是第一个奥运会铅球冠军。

奥运会12个田径项目，最后一项是马拉松。在前11个项目中，金牌全落入外国选手之中，所以希腊人对马拉松寄予很大希望。结果真的让希腊人路易斯获冠军，成绩是2小时58分50秒。国王乔治一世，竟忘乎所以地从包厢里跑了出来，迎接这位民族英雄。

雅典奥运会，还没有游泳池，游泳比赛地点是在附近齐亚湾冰冷海水中进行的。美国游泳运动员跳进海里后就大喊："我要冻结了！"接着急忙爬上来。500米比赛原报名29人，最后只有3人出赛。匈牙利选手在游泳方面显示出威风。哈约什1人独得两项金牌。

比赛的最后一天举行了闭幕式，由希腊国王乔治一世亲自给优胜者授奖。每位奥运冠军获得一张奖状、一枚银牌和一个橄榄花环。各项比赛第2名得一张奖状、一枚铜牌和一个桂花环。

雅典奥运会没有设金牌，只有为了统计方便，奥运会史家才把当时的第一批冠军视为金牌获得者。后来，奥运会才决定，奖给前三名金、银、铜牌。第一届雅典奥运会奖牌数分配如下：美国，金牌11枚、银牌6枚；希腊，金牌10枚、银牌19枚；德国，金牌7枚、银牌5枚；法国，金牌5枚、银牌4枚；英国，金牌3枚、银牌3枚。

向职业体育看齐的精神

现代奥运会获得恢复的第二天，法兰西学院法国语言史家布里尔写信给顾拜旦，建议奥运会上举行从马拉松到雅典的"历史性长跑"，顾拜旦积极支持了这个建议，在第一届现代奥运会上设"马拉松跑"（当时只有40公里）。

1896年4月10日，雅典全城一派节日气氛，马拉松就安排在这一天举行，这也是第一届奥运会最后一个项目。希腊人格外激动不无理由，这是因为已经进行的11项比赛中，希腊运动员还未获一枚金牌。他们把全部希望都寄托于马拉松赛跑上。

希腊牧民斯皮利东24岁，他代表希腊参加马拉松比赛。

在比赛前，他没有一点儿夺魁的样子。他身材瘦小（1.59米，54公斤），举止腼腆，在一大群指手划脚的达官贵人之间，显得有些粗暴，目光阴沉，样子毫不出众。

他的队友甚至还不认识他，在练习时从未见过这个小个子牧羊人。他是秘密进行锻炼的：在羊肠小道上追羊，跟在巡回于山村之间的驮水骡子后面跑。他还当过乡邮员，这个职业使他有一副非常强壮的体格。

他反应敏捷，聪明，善于观察，作风顽强，生活艰苦（他的食物就是无花果、橄榄、软干酪和牛奶）。他的制胜法宝就是超人的顽强意志力以及在山间崎岖小道上练就的过人的肺活量。

比赛前夕，斯皮利东以自己的方式进行精神准备。他回忆起他在雅典第一步兵团服役时帕帕季蒂·阿曼托普洛斯上校对他教导："刚开始不要太快，让那些疯子们先猛跑吧！按你自己的速度跑，稳住劲，等最后几公里时再加速。要一直能控制自己。"他也知道当时他的祖国政局不稳。自1829年独立以来，希腊人的生活一直艰难，饥饿威胁着一些城市。热忱的爱国主义使这个年轻人下定决心："为了希腊，我一定要赢。"在比赛开始前，他在马拉松桥边起跑点附近的灌木丛里睡了3个小时。

早在比赛之前，献给未来马拉松冠军的各种各样的礼物像潮水一样从各方涌来。亿万富翁阿维罗夫捐出100万德拉克马（希腊货币单位），并且许诺将女儿嫁给获胜者；一个大酒商戴奥弗拉克索斯出500大桶（每桶200—250升）标有酿造年份的名酒；裁缝、理发师、面包师傅们决定为冠军终生免费服务；雅典上层社会的女士们捐出堆积成山的首饰；附近的农民也带着鸡、羊、蔬菜、水果和蜂蜜下山。总之，1896年4月10日这一天，雅典全城的脉搏就为着马拉松比赛而跳动，并盼望着希腊人获胜。

从马拉松桥起跑的共有32名运动员。警察们骑着马，簇拥着他们前进。骑自行车以及跟在后面追的小孩儿们为他们加油。运动员身后还跟随着一辆两匹马拉的有趣的马车，上面拉着医生、护士、教练，还有药品，以备不测。

头10公里比赛进行得很顺利。到后来天气越来越热（比赛组织者犯了一个严重错误：把起跑时间定在中午阳光强烈的14点），烈日炎炎给比赛带来了困难，没有一个运动员企图加速。但是几公里以后，法国人勒米西奥开始冒险加速。他先后超过了澳大利亚人弗拉克和匈牙利人凯尔纳，领先3公里。这时谁也不去注意的斯皮利东·路易斯落在最后，离大队人马有6分钟的路程，可是他自信地对沿途观众说："别担心，我将第一个到达雅典。"

炎炎烈日使运动员口干舌燥，好心的妇女们递上解渴的饮料，竟然是满杯的葡萄酒！酒精的发作使运动员们跑完后好像从地狱里出来似的，绝大多数人经受了难以形容的痛苦。从18公里开始，有4个运动员晕倒，马上被人用担架抬走。跑到一半时，最热门的美国运动员布莱克也中暑倒地，几小时后才从昏迷中苏醒。

在跑到30公里时，勒米西奥仍然领先，过分热情的观众已迫不及待地把代表胜利的橄榄叶环套在他头上，他扬手致意表示感谢。但是，越来越难以忍受的酷热与酒的后劲儿终于占了上风，两公里以后，他步履蹒跚，终于摔倒在晒得发烫的公路上。比赛中先后有8个人被担架抬下去。

34公里以后，斯皮利东·路易斯以迅速、有力、轻松的步伐稳稳当当地追了上来。只有他没有喝那该死的葡萄酒。他先后赶上和超过了所有的对手，处于领先地位。希腊农民组成一支仪仗队，一直把他护送到终点。70000名雅典观众对待英雄那样向他欢呼。乔治国王激动万分，把他紧紧搂在怀里。有个王子赠给他一块金表。康斯坦丁王子亲吻了这个出身卑贱的牧民。一位新的民族英雄诞生了。当天夜里，整个雅典疯狂了，军乐高奏，焰火齐明。有些希腊人甚至要求路易斯当政府部长。

如果愿意的话，斯皮利东·路易斯可以被礼物淹没，但是，他拒绝这一切。他说："我所做的，既不是为了荣誉，也不是为了金钱，而是为了希腊，我的祖国。"在体育历史长河中，这无疑是纯粹业余体育精神最动人的榜样之一。

斯皮利东回到山里，继续与橄榄树和山羊为伍。1936年柏林奥运会，他作为贵宾在德国受到热烈的欢迎。1946年路易斯逝世。只有在雅典娜女神体育场竖立的他的塑像记述了他的业绩。并用大理石建了他的陵墓，并在上面刻上象征奥运的五环。

20世纪的首次奥运会

"花都"巴黎，像一颗闪亮的珍珠镶嵌在塞纳河上，这里不仅自然景色优美宜人，而且到处散发着浓浓的艺术气息，巴黎圣母院、卢浮宫、艾菲尔铁塔、凯旋门，既是巴黎人的骄傲，也为世人所向往。然而这个美丽的城市，并未敞开她的胸怀热情迎接这届奥运会。为扩大奥运会的影响，顾拜旦建议第二届奥运会与世界博览会同时举行，并得到奥委会的批准。然而他的美好愿望被法国人对奥运会的冷淡彻底打破。承办这两项会务的主要负责人阿夫雷德·皮卡尔是一个极不热心体育的人，他把主要精力放在博览会上，而对奥运会只是当成博览会的陪衬，对奥运会的比赛项目、日程、场地等均无周密安排，致使这届奥运会不仅时间长（从5月20至10月28日）、场地分散，而且设施极差。如跳跃比赛，需选手自己动手挖沙坑；跨栏栏架个别的栏架用树枝搭起来的；参加链球比赛选手则多次因掷出的链球被缠到树上而暂停比赛；有的项目比赛完了，个别选手甚至不知是参加的是奥运会比赛。

但巴黎仍以她迷人的丰姿吸引了来自22个国家的1319名参赛者。特别是英法等国还派出了11名女选手。尽管她们的参赛并未得到奥委会的正式认可，参赛项目也只限于网球和高尔夫球，但毕竟打破了古代奥运会和首届现代奥运会不许女子参赛的禁令。开创了女子走向世界体坛的先河。在巴黎学习艺术的芝加哥名流玛格丽特·阿博特得以参加九洞高尔夫项目比赛。玛格丽特在她母亲同时参赛的场地上，以47杆获第1名，她的母亲的成绩是65杆。赛后，玛格丽特谦虚地解释说，她之所以能取得这次胜利是因为她的法国对手显然不太了解比赛性质而穿高跟鞋和紧身裙来参加比赛。玛格丽特由于当时没有得到任何奖牌，所以她也根本不知道她是第一位奥运会女子高尔夫球冠军。

巴黎奥运会田径比赛7月14—22日举行的。与上届不同，这一次增加了60米跑项目。美国23岁选手克伦莱茨以7秒0的成绩获得60米冠军，这一成绩被宣布为"世界纪录"。他在巴黎奥运会共获四枚金牌，是该届获金牌最多的选手，从而成为巴黎奥运会的英雄。这四个项目的成绩是：60米7秒0，110米栏15秒4，200米栏25秒4，跳远7.185米。

美国"跳跃大王"——雷·尤里是个怪杰，他在巴黎开始其奥林匹克生涯时已27岁，小时候患过小儿麻痹症，但由于坚持刻苦锻炼，使他身体好转，腿部肌肉恢复了功能，在巴黎尤里原地跳高1.65米，跳远3.21米和三级跳10.58米均获金牌。尤里还创造了许多奇特的"世界纪录"，如倒跳2.87米，这是个了不起成绩。他一共在奥运会上获10枚金牌，这是现代奥运史上的最高纪录。20年代所向无敌的努尔米（长跑）获金牌9枚。50年代苏联体操女选手拉蒂尼娜也只获9枚金牌。尤里这个传奇人物，在奥运史上留下光辉一页。

障碍游泳是塞纳河上别出心裁的竞技。运动员在比赛途中必须超过一根竿子和一只船，再从前边的一只小船底下游过去。能顺利超越障碍先到200米终点为优胜者。

澳大利亚选手莱恩和英国选手贾维斯两人比赛中独占鳌头，各得两枚金牌。莱恩获一件重量超过50磅的卢浮宫的复制品和一座尺寸与真人相仿的铜塑村姑像。

巴黎奥运会实际仍未颁发金、银、铜牌，有的项目只发一些纪念品，如雨伞、香烟盒等微不足道的物品，许多运动员抱怨不止。

传递圣火的奥运颂歌

奥运会火炬仪式已有两千多年历史，而火炬接力仪式却是从1936年柏林奥运会开始的。

现代奥运会发源地奥林匹亚，位于希腊首都雅典西约350公里的伯罗奔尼撒半岛上。这里树木苍翠、鸟语花香，风景优雅。在古奥会召开前，人们要在这里举行庄严、肃穆的仪式，从神圣的祭坛点燃火炬，然后奔赴希腊各个城邦。他们高擎火炬，边跑边喊："停止一切战斗，参加奥运会去！"火炬是和平的信号，它到达哪里，哪里的战争就得停止，战火就得熄灭。因此，"奥运圣火"实际上意味着神圣休战。

现代奥林匹克运动恢复后，1912年，顾拜旦首次提出点燃圣火的建议，但由于第一次世界大战爆发而未能实现。1920年，第七届奥运会在比利时安得卫普举行。为了纪念第一次世界大战中牺牲的协约国将士，经组委会讨论通过在会场中点燃焰火，以象征和平。当绚丽的焰火燃起时，场面极为壮观庄严。为了发扬奥运精神、传播友谊与和平，1928年奥委会通过决议，正式规定在开幕式上举行隆重仪式，点燃火炬台上火炬，以火炬燃烧与熄灭象征开幕与闭幕。同年，阿姆斯特丹奥委会立即执行了这一决议。在希腊奥林匹斯山上用凸透镜点燃圣火炬，途经希腊、南斯拉夫、奥地利、德国而进入荷兰，最后在开幕式上，点燃会场上圣火塔上火炬。然而真正用接力传递方式来迎送火炬是在1936年柏林第11届奥运会上。人们认为，运动员用接力跑传递方式来迎送火炬，有利于扩大奥运会影响，有利于传播奥林匹克精神。

在奥运史上，"圣火"的点燃传递一直有着传统的程式和规范，这种程式不能轻易打破。希腊一直享有"奥运圣火"火种点燃的特殊荣誉。

1948年，英国伦敦举办十四届奥运会，英国人为了点燃圣火，竟动用军舰和大炮，历史上称这届奥运会的火炬是用大炮轰燃的，留下了奥运史上不光彩的一页。当时，希腊人民军占领了奥林匹亚这个地方，英国为了奥运会能如期开会，以点燃火炬为由，命令海军舰队驶抵伯罗奔尼撒半岛附近海域，向人民军猛烈开炮，随后又派兵占领奥林匹亚，然后按传统仪式点燃了奥林匹克接力火炬。火炬虽点燃，运动会也如期进行了，但体育史上却留下了千年笑柄。

1952年，第6届冬奥会在挪威首都奥斯陆举行。为纪念冰雪运动的奠基人，被誉为"现代冰雪运动之父"的诺德海姆，挪威人在他生前居住过的莫格达尔村的一座石头房子里点燃了火炬。在挪威人看来，这才是真正冬季奥运会"圣火"，因为古希腊人并不进行冰雪运动。后来又在勒哈默尔冬奥运上故伎重演，挪威人再次在诺德海姆家乡用两根打火棒点燃了火炬，并在全国进行火炬接力传递仪式。由此引发了一场"冬奥圣火之争"。希腊奥委会公开宣布点燃利勒哈默尔冬奥会主火炬的，必须来自奥林匹亚的纯净火种。双方为此展开激烈争辩。希腊奥委会亡诉国际奥委会。国际奥委会裁决：只有从奥林匹亚点燃的圣火，才是真正的奥林匹克圣火。

国际奥委会的裁决令挪威人十分尴尬，自己的火种已点燃，难道中途熄灭不成？为此冬奥会主席来自飞赴雅典商讨解决办法。最后决定将挪威人从莫格达尔点燃的火炬暂时保存起来，待将在3月开幕的国际残疾人冬奥上用此火种点燃火炬。一场冬奥圣火之争才宣告结束。

第21届奥运会比赛期间还曾发生奥运史上从未有过的事件。离闭幕式还有5天，蒙特利尔市下了一场罕见的瓢泼大雨，持续20多分钟，却意想不到地浇灭了圣火台上的圣火。按照规定，火熄灭就表示着大会闭幕。正巧这天赛场休息，空旷的场地上只有少数几个工作人员。场地监督员布歇尔见圣火熄灭，冒雨飞快冲上圣火台用打火机重新点燃了圣火。虽然都是火，但本质不同。新燃起的圣火成了名副其实的赝品。事后有人指控布歇尔居心不良，因为他的打火机将成为无价之宝。当组委会的人听到此事后极为震惊，并立即报告了圣火委员会。圣火委员会经讨论后宣布用打火机点燃的圣火无效，并立即取火种重新点燃，而布歇尔被确认无知而免于追究责任。

第18届奥运会已过去35年了，但现今发现，有人当年偷走了圣火，并且一直在燃烧。此人就是日本一家公司经理竹内先生，圣火一直在日本鹿儿岛他家中前庭供奉着燃烧不熄。经确认，此火源于1964年东京奥运会。

原来，当时竹内先生是东京奥运会守护人员之一。他利用职务之便，十分巧妙地用金属手提灯偷取了火种，带回家让他燃烧。自然，无论竹内先生如何解释，他的行为触犯了奥林匹克宪章规定。

现今，每届奥运会举办之前，都由举办国确定火炬接力路线，参加火炬接力人数及时间。根据这些，按预定时间派人到希腊的奥林匹亚取圣火并点燃火炬，然后进行接力传递。传递的人是经过严格挑选，并是有一定声望和影响的运动员，例如：东京奥运会点燃奥运会圣火的运动员叫吉野是广岛原子弹爆炸那天出生的，挑选他担当此任，是希望人们珍惜和平。

两大奇观现伦敦奥运会

多次的地震和火山爆发使意大利经济遭到严重打击，不得不放弃奥运会主办权。英国伦敦临时接办了第四届奥运会，当时只剩下一年准备时间。他们除了兴建一座可容纳7万余名观众的体育场外，还新建了游泳池和自行车场。会前，筹委会还邀请专家学者为一些项目制订比赛规则，这对奥运会比赛走向正规化起到了积极作用。

7月13日，来自五大洲22个国家的选手会聚一堂。运动员人数2 056名，女运动员43名。伦敦奥运会在参赛国、选手人数和项目总数上均超过以往三届，使其成为奥运史上初具规模的大会。开幕式上，各代表团在本国国旗引导下，统一着装进入会场。

在本届奥运会历史上有两大奇观：第一是英国选手哈尔斯书勒一个人参加400米决赛；第二是意大利点心师皮特里在跑到马拉松终点前倒地，功亏一篑。

1908年7月19日是个礼拜天，现代奥林匹克运动会创始人，国际奥委会主席皮埃尔·德·顾拜旦男爵在伦敦圣保罗大教堂参加一次礼拜。当时，宾夕尔法尼亚主教做了布道。五天后，顾拜旦男爵在英政府为伦敦奥运会举办的一次盛宴上用法语说道："上星期日，宾夕尔法尼亚大主教在布道时曾讲过这样的话："在奥运会上获胜并不比参加奥运会更重要。"

顾拜旦男爵的话立刻在全世界不胫而走。尽管他引用了别人的话，但后人却说成是他的宏论。有些人甚至把这句话说成"胜利不重要，参加才重要"，批评家们议论纷纷，因为这牵涉到如何正确地阐述奥林匹克思想的真谛。人们之所以重视这句名言，是因为恰恰在那个星期里发生了与奥运会宗旨相违背的丑闻。

7月23日，400米决赛仍不分道进行。英国的《体育生活》是这样报道这次比赛的："卡本特以短跑的步子首先领先。哈尔斯韦勒起步不快，在50码处便落后于卡本特几米。在弯道上，这位英国选手追上了罗宾斯。这时3名美国选手并成一排，一再向外挤哈尔斯韦勒。尽管如此，哈尔斯韦勒还是从外边超过了罗宾斯。哈尔斯韦勒又去追卡本特。卡本特一个劲地向外挤他。当哈尔斯韦勒似乎要超过他，卡本特用肘部用力地顶他。裁判看得清清楚楚。哈尔斯韦勒灰心了，停了下来。"令人吃惊的是卡本特尽管搞了小动作，仍然跑到终点，成绩是48.6秒。由于美国人蓄意犯规，这次比赛被宣布无效。7月25日进行第2次决赛，卡本特被取消了比赛资格。另外两名美国选手也不愿再跑，结果这次决赛成了哈尔斯韦勒一人的赛跑。他用50秒轻松跑完全程，终于获得金牌。这是本届奥运会第一个奇观。

17个国家75名选手参加了马拉松跑。意大利人皮特里（19号）跑过22英里后开始领先。由于中途加速使他消耗了宝贵的体力，在他跑进运动场时已经步履蹒跚。这时戏剧性场面出现了：皮特里左顾右盼，不知朝何处跑，最后还是跑错了方向。9万观众惊愕地喊了起来；女王也从包厢的座位上站了起来。有个人箭步奔向皮特里把他的身体扭转了方向。但方向虽对了，但他已精疲力竭，任何鼓励无济于事，他突然站住后跌倒，几秒后，他吃力地站起身来，试图走几步，观众爆发一片欢呼声，可是皮特里很快又倒在地上，如此重复三四次之多。突然间，观众又喧闹起来，第2个选手跑进了运动场。精神抖擞，越跑越快，他就是美国人海斯。这时，几名工作人员跑了过去，用手扶着昏迷的皮特里，扶着他通过了终点线。

在激动人心的一刹那，观众暴风雨般掌声震耳欲聋，连女王也鼓起掌来，但是帮助皮特里的人却铸成大错，因为运动员是不得有人协助的。比赛规则铁面无情，皮特里犯规被取消资格。美国的海斯最后以2小时55分18秒获金牌。美国队的选手们欣喜若狂，6名队友用一张桌子抬着海斯和他得到的奖品绕场一周。

第一个动议去帮助皮特里的是多尔，他捐赠给皮特里一个奖杯，样子同海斯获得的一模一样。英国女王也对皮特里的悲剧深为同情。随后英女王在包厢里接见了皮特里，并赠给他一只金杯。皮特里的名字虽然从奥运会的成绩上消失了，却反而名垂青史。

后来，美国的职业经济人别出心裁地搞了一次大吹大擂的"报复赛"。应邀参加的有奥运会冠军海斯和加拿大名将隆伯特。在这次所谓的"世界锦标赛"中，皮特里倒是真的雪了耻，战胜了海斯和隆伯特。

东道主英国是本届奥运会宠儿，它一共获得了56枚金牌，50枚银牌，39枚铜牌。英国所得金牌数超过了其余所有国家金牌数的和。

伦敦奥运会在最后曾举行了一个由英国女王亚历山大授奖的仪式。有一篇奥运会报道说，美国110米栏运动员史密森手里曾拿着一本圣经参加决赛，以表示他并没违背礼拜天必须休息的宗教规定。事实上，英国人摒弃了前3届礼拜天也安排比赛活动的做法。110米栏决赛是在7月25日进行的，这个小故事从一个侧面说明：伦敦奥运会在组织安排上是十分细致而周到的。因此，各国都一致认为伦敦奥运会是一次初具规模成功的奥运会。

五届奥运的历史性突破

6月下旬虽为仲夏季节，但对有"北方威尼斯"之称的斯德哥尔摩来说，是体育比赛的理想季节。当1904年国际奥委会会议决定将瑞典首都斯德哥尔摩作为1912年奥运会址后，瑞典即把它作为关系国家荣辱的大事来抓。终于在1912年5月5日—7月22日在瑞典首都如期举行。现代奥运会自1896年雅典问世之后，第一次取得重大突破。奥运史家们说：斯德哥尔摩奥运会使奥林匹克思想第一次征服了全世界人民的心，这届奥运会取得了以下几个"第一"。

第一次有来自欧、亚、美、澳、非五大洲运动员参加，显示了奥林匹克思想在世界范围内的大传播。参赛队有28个，除了美国、英国、加拿大等体育发达国家外，在世界舞台上迅速崛起的斯堪的纳维亚国家也派出了较大代表团（挪威、丹麦、芬兰等）。瑞典国王、奥地利皇帝、意大利国王、俄国沙皇、德国皇帝以及国际奥委会主席顾拜旦等人都为奥运会捐赠了贵重礼品。如俄国沙皇捐赠了银船（它是世界上最贵重的宫廷首饰之一）。

奥林匹克运动的新发展，使人们自然产生一种想法，应当为它制作一面旗帜。于是1913年设计了第一面奥林匹克旗帜，1914年顾拜旦向在巴黎召开奥林匹克代表大会提交了这面旗帜：白底无边的旗中央有五个连接的环，这是奥林匹克的象征。

参加奥运会的人数2541人，超过2500人，其中女运动员55人。东道主瑞典队482名选手，名列各国之冠。其次是上届冠军队英国代表队，有

293名选手。北欧邻近国家都派了较大代表队，挪威207人，芬兰186人。日本第一次参加奥运会，派出2人。

第一次在宣传组织上和技术设施上达到高水平。在经济上斯德哥尔摩奥运会受到瑞典举国上下重视和支持。总投资达250万瑞典克朗，这在当时是相当惊人的数字。在组织上，国际奥委会委员、瑞典巴尔克上校亲自担任奥委会组委会主席。他的工作得到各方面大力支持。大会有445名记者，第一次大规模采访斯德哥尔摩奥运会。

著名建筑设计师格鲁特设计了美观实用的奥林匹克体育场，外观胜似中世纪城堡。看台由花岗岩砌成，能容纳6万人。煤渣跑道全长383米。最重要的是第一次安装了电子计时和电子终点摄影设备。电子计时设备作为一种辅助的计时手段，是由瑞典工程师卡尔斯泰德安装的。电子终点摄影显示了不可替代的作用。这次1500米决赛的第二、三名，美国选手基维亚特和泰伯几乎同时到达，成绩均为3分56秒9，只是通过终点照片，才判断出基维亚特略微占先。

第五届奥运会共进行16个大项比赛，吸引了327288名观众，这个数字超过以往历届，可说是一大成功。从运动成绩来看，田径比赛的大多数项目打破了奥运会纪录。并且第一次被国际田径联合会承认为正式奥运会纪录。

斯德哥尔摩奥运会开始比赛前的19天，"泰坦尼克"号轮船在大西洋北部撞冰山沉没，船上2224名旅客和乘务人员中仅有711人经营救生还。美国电影"泰坦尼克号"做了生动描述。这一灾难性悲剧极大地吸引了人们注意力，它的阴影几乎笼罩住了奥运会。好在本届奥运会实在组织得十分出色，最终还是挣脱了沉船阴影，这不能不让人佩服瑞典人的组织工作能力。

斯德哥尔摩奥运会是风云人物的大聚会，这也是本届奥运会一大特征。最引人注目的是美国队，不仅因为美国队乘坐了一艘建有跑道、游泳池的巨轮，在远涉重洋的漫长旅途中坚持训练，而且还因为美国队中有数名日后的风云人物。其中有参加五项全能和十项全能比赛，并在五项全能中获第5名的布伦戴奇。在斯德哥尔摩奥运会40年后他出任国际奥委会主席，直到1972年退位。另外，还有参加现代五项比赛获第5名的乔治·史密斯·巴顿，31年后，他率美国第7坦克军团在西西里登陆，解放了处于墨索里尼统治下的意大利。翌年，巴顿将军又率美国坦克军团阻挡住了"沙漠之狐"隆美尔在阿尔登山脉发起的全线进攻。以此为信号，全世界和平力量开始了对纳粹法西斯的大反攻。

英国参加800米、1500米跑运动员诺尔·贝克，也是一位风云人物，他在本届1 500米跑比赛中获第6名，8年后在安特卫普奥运会夺得银牌。他后来成了英国知名政治家。1950至1976年任世界体育运动理事会主席。他在裁军问题上做出了杰出贡献，1959年获诺贝尔和平奖。1970年他创立了"菲利浦·诺尔——贝克奖，专门表彰体育科学方面有杰出成就的人物。

瑞典的斯万父子成为万众瞩目的风云人物。小斯万在"跑鹿"（射击比赛的一个项目）单项获金牌，他的父亲双发赛上获银牌。从1908—1924年之间，父子俩获5枚金牌。老斯万最后一次参加奥运会已是72岁。

芬兰的长跑能手科勒迈宁，他1人夺得3枚金牌1枚银牌，为芬兰长跑振兴做出了突出贡献。

美国天才运动员吉姆·索普的血泪春秋，更是本届奥运会永垂史册的事例，蒙受40多年的冤案终于得到平反。现今他住的小城即以他的名字命名。

女子游泳首次列入比赛。

战争创伤下的奥运泪水

　　从第5届奥运会于1912年7月22日在斯德哥尔摩降下帷幕，到1920年8月14日第7届奥运会在安特卫普中心教堂开幕，整整8年过去了，在这2 945个日日夜夜中，世界上发生天翻地覆的变化：从纽约中心火车站的落成到卓别林从影；从爱因斯坦发明相对论到福特创造流水线作业法……新的创造、新的发明、新的趋势、新的生活不断变化。然而，再急剧的变化也不如第一次世界大战给人类带来的变化大。长达4年的战争，毁灭了难以数计的城市、乡村，造成1000万人死亡，2000万人受伤，酿成人类历史上空前的特大悲剧。第一次世界大战也给奥林匹克运动带来巨大损失。1916年柏林奥运会被取消；32名奥运选手战死疆场，其中包括16名夺过奥运奖牌的选手，如法国选手博昂和英国选手休斯敦。1918年11月，这场有30个国家卷入的战争终于结束，在奥委会全委会上决定，把1920年奥运会主办权授予比利时港口城市安特卫普。

　　安特卫普号称"比利时大门"，有天然良港，距入海口仅几十公里，地理位置酷似德国的汉堡和荷兰的鹿特丹。它是弗莱芒文化的摇篮，有许多中世纪的文物古迹。该城号称"钻石城"。在战争刚刚结束的艰难岁月里，安特卫普急需支援，组委会八方求援。为支援奥运会，美国驻法部队司令官潘兴将军下令向安特卫普提供一批军用物资，以解决各国代表团住宿问题。法国、意大利、英国、瑞典也都先后向安特卫普提供物资援助。荷兰干脆开了一艘大船，停泊在安特卫普港，供运动员住宿。

　　不仅安特卫普需要帮助，不少国家的奥运代表团也急需帮助。远隔重洋的美国队因买不到船票，不得不向美国军队求援。美军派出一艘旧的运兵船，以解决美国奥委会的燃眉之急。经过 14 天航行到达目的地。组委将他们 254 美国运动员安排在由教室改成的宿舍里，每间教室住 30 人，一些运动员忍受不了如此之差的住宿条件，纷纷出去找旅馆。短短几天，天天有人闹事，美国代表队写下大闹安特卫普的轶闻。

出乎意料的是能干的比利时人，在短短一年时间里，走出战争废墟，在十分困难的条件下，完成奥运会的准备工作，创下了奥运会筹办历史上的奇迹。安特卫普修建了一个露天游泳池及跳台，专门修建一个冰宫，还在市中心修建一座奥运会纪念碑。

1914 年巴黎奥林匹克代表大会上，规定了法、英、德文（现为法、英文）为国际奥委会法定语言，并确定了国际奥委会五环会旗、会徽。五环的颜色自左到右的顺序是：蓝色、黄色、黑色、绿色和红色，五环相连象征五大洲的团结，以及全世界的运动员以公正、坦率的比赛和友谊的精神在奥林匹克运动会上相聚。运动员誓词：

In the name of all the competitors. I promise that we shall take part in these Olympic Games, respecting and abiding by the rules which govern them, in the true spirit of sportsmanship, for the glory of sport and the honor of our teams.

我代表全体运动员宣誓，为了体育的光荣和本队的荣誉，我们将以真正的体育精神，参加本届奥运会比赛，尊重和遵守各项比赛规则。

参加本届奥运会的共 29 个国家。组委会邀请苏联参加奥运会（沙皇政权被推翻），当时引起很大争议。

1920 年 8 月 14 日第 7 届奥运会开幕，国王阿尔贝宣布开幕后，奥运史上第一批和平鸽带着奥林匹克运动对和平理想的追求腾空而起，翱翔蓝天；国际奥委会五环会旗第一次在奥运会场徐徐升起。比利时体育记者博昂，身着击剑服，手持比利时国旗，在奥运史上第一次代表全体参赛者宣誓。运动场燃起了象征胜利和光明的奥林匹克火焰。本届奥运会进一步扩展了女子比赛项目。法国女选手朗格朗获女单、混双金牌。后来她13次登上温布尔顿网球赛冠军，成为20年代最著名选手。继科勒赫宁之后，又一颗长跑新星映入人们的眼帘，他就是芬兰的帕沃·努尔米。本届奥运会上初露锋芒，夺3枚金牌，从此开创了"鲁米时代"。1920—1928年，他连续三次参加奥运会，共获9金3银，创造了22项世界纪录。

巴耶拉图尔出身于比利时贵族，1903年当选国际奥委会委员，他为该届奥运会举办做出贡献。

"白色奥运会"之谜

冬季奥林匹克运动会因在银装素裹的冬季进行，故称之为"白色奥运会"。夏季奥运会和冬季奥运会，如同两朵色彩绚丽的姊妹花，分别开在绿草茵茵的盛夏和白雪皑皑的严冬，给国际奥林匹克运动增添了无穷的魅力。然而你可知道，冬季奥运会的举行多么来之不易，它经历了一段艰难的路程吗？

冰雪项目运动，可以说在19世纪末就在欧美一些国家开始普及和发展。到了1901年，斯堪的纳维亚国家就开始举行以冰雪运动为主的北欧运动会，并从此形成传统，一直到1926年才停办。

现代奥林匹克运动之父顾拜旦早就认为，只是有夏季奥运会对于奥林匹克运动来说是不完整的。他很早就设想单独举办冬季奥运会，为此国际奥委会曾进行多次讨论，但此举却遭到斯堪的纳维亚国家的强烈反对。这些国家认为已经有了北欧运动会，再搞一个与其平行的冬季奥运会没有必要。何况，古代奥运会也没有冬季运动项目。瑞典、挪威等国甚至扬言，如果国际奥委会强行召开冬季奥运会他们将不会参加。因此，单独举办冬奥会的问题就搁浅了。

1908年，在伦敦举行第四届奥运会，首次将花样滑冰列入比赛项目，因时值盛夏推迟到10月，这次比赛引起了人们浓厚兴趣。1920年，在比利时安特卫普举行第七届奥运会时，除花样滑冰之外还增加了冰球比赛。这届奥运会各项比赛观众人数都不太多，唯独先期举行的花样滑冰和冰球比赛却吸引了成千上万观众，充分说明了人们对冰上项目的喜爱。这就促使国际奥委会再一次将单独举办冬季奥运会问题提到议事日程。

1922年，国际奥委会在巴黎举行会议。顾拜旦竭尽全力劝说反对者，最终力排众议，连瑞典、挪威等国也表示赞同单独举办冬季奥运会。于是会议做出了1924年第8届奥运会正式举行前单独举行冰雪项目比赛的决定。为了不过分刺激反对者，有意避开"奥运会"的字眼，将其称为"第八届奥林匹亚德体育周"。显然当时没有将它作为正式比赛项目看待，只是表演项目，倒像正式开场前的一个插曲。

"第八届奥林匹亚德体育周"于1924年1月25日在法国夏蒙尼举行。参加体育周的有挪威、瑞典、芬兰、美国、加拿大等冰雪强国，比赛项目有滑冰、滑雪、冰球、有舵雪撬。挪威以4枚金牌、7枚银牌、7枚铜牌名列奖牌总数第一。

"第八届奥林匹亚体育周"取得了意想不到的成功，引起了世界体坛强烈反响，使人们充分认识到举办冬季奥运会的重要性和必要性，就连许多反对举办冬奥会的国家也转变了态度。

顺应这种潮流，1925年5月27日在布拉格举行国际奥委会24次会议将这次冬季运动会正式确定为第一届冬季奥运会。以后每四年举办一次，与夏季奥运会同年举办。

冬季奥运会的出现，使奥运会的内容更加均衡、全面，大大增加了奥运会的覆盖面。从此，奥林匹克运动给冰天雪地的冬天注入青春活力。从此也向世界宣告：国际社会和奥林匹克大家庭开始冬夏体育并重的新时代。冬季项目纳入奥运会也使这些项目本身得到前所未有的发展。

"奥运之都"的兴起

大家熟悉的《走向世界》这座雕塑，1985年全国体育美术展览会获得特等奖。这座雕塑，人物造型简练概括，富有动感，形象地显示了我国体育健儿走向世界的豪情壮志。就在这年，国际奥委会主席萨马兰奇决定按真人大小制作后，陈列在堪称奥林匹克运动之都——瑞士洛桑公园草坪上。那么，洛桑为何称为奥林匹克运动之都？这要从国际奥林匹克委员会的成立和发展说起。

国际奥林匹克委员会，于1894年在巴黎成立。在1915年4月10日，国际奥委会主席顾拜旦与当时洛桑市长签订协议，双方协议立即在洛桑建立一个奥林匹克运动中心。

事情是由顾拜旦在1908年参观洛桑一所文法学院引起的。顾拜旦在参观时遇到一位经常参加体育运动比赛的学医的学生，他就是后来与顾拜旦有着深厚友谊的弗朗西斯·梅塞里博士（Dr.Francis Messerli）。1913年在瑞士洛桑举行的第五次奥林匹克代表大会上，顾拜旦有意要梅塞里做他的秘书，被洛桑市民称之为"好医生梅塞里"的他，很快成为顾拜旦的一名追随者，也正是他打开了瑞士的大门，鼓励顾拜旦在中立国（至少是暂时中立）、不受他国干涉、有和平理想的国家建立奥林匹克运动中心。那时，世界各国都卷入了第一次世界大战，整个欧洲只有瑞士是一片"净土"。在故乡巴黎忙于奥委会事务和为了奥林匹克运动的发展而奔波的顾拜旦希望国际奥委会这一国际性体育机构能在战火硝烟中受到保护而幸存下来，于是他决定将设在巴黎自己住所的总部迁往洛桑。顾拜旦本人也早就向往洛桑，日内瓦湖畔秀丽的景色尤令他陶醉。1915年4月10日，在部队服役的顾拜旦认可了在沃杜瓦的州府建立奥委会总部的协议，并于同年5月10日进行了交换签字。

从国际奥委会进驻洛桑起，事情进展的步伐就加快了。1915年，在卡西诺·德·蒙特贝农（Casinode Montbenon）落成了第一座奥林匹克博物馆。1921年，国际奥委会把它的总部选在了洛桑的市中心维拉·蒙·雷波斯（Villa Mon Repos）并于第二年搬迁过去。

顾拜旦去世后，奥林匹克运动经历了较长时间的挫折，在此期间，奥委会总部处在一个珠宝商店后面。后来，作为奥委会主席的美国人布伦戴奇（Brundage）也只在芝加哥处理公务。这一时期，只有一个人在真正执行奥林匹克运动的"管理任务"，她就是顾拜旦时代的莉迪亚·赞奇（Lydia Zanchi）。她以她的高度热情和自我奉献精神成为这一过渡时期的坚实纽带。

国际奥委会重新发挥作用并与奥林匹克运动的发展紧密地联系起来是在1967年末至1968年初，国际奥委会把总部迁至四周绿荫环绕的日内瓦湖畔被称为维迪堡的一所迷人的小庄园，洛桑市给予了国际奥委会以充分的自由。现在，维迪堡容纳了奥委会主席的办公室和工作人员、所有的传媒机关、对外宣传机构和一些主要领导人的办公室。

在1982年5月的罗马会议上，国际奥委会执行委员会决定在洛桑重新建造一所博物馆，这是奥林匹克运动史上，国际奥委会第一次真正拥有自己的活动场所。同年秋，国际奥委会获得了乌希湖畔德·布雷斯的所有权，现在是新博物馆管理处的所在地。建造博物馆的宏伟计划意味着要占用大片的建筑土地，许多洛桑市民出于保护自然美丽的地理环境的考虑，不赞成这一计划的实施。国际奥委会本着团结的精神，通过对话协商，最后找到了相互妥协的解决办法。国际奥委会的总部将继续留在维迪并进一步扩大，博物馆将建在乌希，这一决定在1983年得到各方的认可。在那年的下半年，奥林匹克博物馆于这段过渡时期在雷齐内特大街上对外开放，一所图书馆和研究中心同时建立。奥林匹克总部的建筑工作始于1986年10月12日。一座玻璃走廊和迎宾餐厅把维迪建筑连接在一起。国际奥委会为了工作便利，全部采用了电脑手段。现在奥林匹克机构包括秘书、体育运动领导人、财政、执行机构、法律事务、计算机服务系统的办公室，还包括私人和公共的一些部门和商店。

1988年10月9日，国际奥委会规划的大型奥林匹克博物馆在乌希破土动工，1993年6月23日，在国际奥委会诞辰99周年之际，瑞士总统和西班牙国王、王后参加了奥林匹克博物馆的落成仪式。1994年，国际奥委会在它的诞生地巴黎大学举行百年诞辰纪念活动时，授予伴随着国际奥委会的发展、变革走过80个风雨春秋的洛桑市以"奥林匹克之都"的称号。并将五环旗赠给了洛桑市长积姬夫人，洛桑与国际奥委会变得不可分割。

1924年夏蒙尼冬季奥运会

1921年，国际奥林匹克委员会决定于1924年在法国的夏蒙尼举行"1924国际冬季体育运动周"活动，在这项活动结束两年后，国际奥委会正式确认这届比赛为第一届冬季奥运会。在法国夏蒙尼冬季奥运会上决出的第一个项目是男子500米速度滑冰，来自美国的运动员查尔斯朱特劳获得了这个项目的金牌，这也是冬季奥运会历史上的第一枚金牌。在这届奥运会中，来自芬兰的速滑运动员克拉斯桑伯格夺取了3金1银1铜，成为获得奖牌最多的运动员。来自挪威的运动员托豪格成为越野滑雪比赛的霸主，他在18公里越野滑雪比赛中获得首届冬奥会第一个滑雪冠军，同时还获得50公里滑雪和北欧两项冠军，成为冬奥会历史上第一位获得3枚金牌的运动员。加拿大冰球队以5战全胜，总比分110∶3的绝对优势夺取了这届奥运会的冰球比赛金牌。

20世纪初期，冰雪运动就已在欧美一些国家得到广泛开展。1901年斯堪的纳维亚国家举行了北欧运动会，后来这项比赛形成了传统，直至1926年才停办。顾拜旦很早就设想单独举办冬季奥运会，国际奥委会曾就此进行过讨论。但是顾拜旦的建议遭到了斯堪的纳维亚国家的强烈反对。瑞典、挪威等国的代表认为，既然已经有了一个传统的北欧运动会，再搞一个平行的冬季奥运会是没有必要的；再说，古奥运会也没有冬季项目。这些国家扬言，如果国际奥委会强行召开冬季奥运会，它们将不参加。不言而喻，如果当时冬季奥运会没有瑞典、挪威等这类冰雪运动开展较普及、水平较高的国家参加，那就失去了代表性，失去了人们对它的兴趣。

单独举办冬季奥运会的问题搁浅以后，1908年伦敦奥运会首次列入了花样滑冰比赛，引起了人们极大兴趣。1920年安特卫普奥运会，除花样滑冰外，还增加了冰球赛。这届奥运会各项比赛的观众都不多，唯独花样滑冰、冰球赛是例外，吸引了成千上万的冰上运动爱好者。这说明观众对这类项目是极为喜爱的，促使单独举办冬季奥运会的问题再次提上了议程。1921年国际业余田径联合会布拉格会议期间，挪威、瑞典、瑞士、法国、加拿大等国代表重新讨论了举办冬季奥运会问题，并提出了有关方案。在1922年国际奥委会巴黎会议上，顾拜旦竭尽全力劝说反对者，终于取得了成功，并决定在1924年巴黎奥运会前举行这类比赛。但避开了"奥运会"字眼。称为"第八届奥林匹亚德体育周"。很明显，当时并未将它作为传统的正式比赛，而是奥运会前夕的冰雪项目表演。

夏蒙尼是法国一个不大的城镇，海拔1050米，是著名疗养地和冬季运动中心，也是当时欧洲的跳雪运动点。为了这次比赛，东道主专门修建了一个冰场，供滑冰和冰球项目的比赛用。

体育周于1924年1月25日至2月4日举行。参赛的有冰雪运动水平较高的挪威、芬兰、瑞典、瑞士、奥地利、美国、加拿大、法国、以及对比赛不抱多大希望但颇有兴趣的英国、意大利、比利时、捷克斯洛伐克、拉脱维亚、匈牙利、南斯拉夫、波兰共16个国家，参赛运动员共258人，其中女选手13人，男选手245人。这实际上还是一次欧美的冰雪赛。比赛项目有滑雪、滑冰、冰球和有舵雪橇。

开幕式前一星期，夏蒙尼当地风雨不停，冰场变成了水池，几乎使比赛延期。但突然一次冰冻，使大会得以顺利进行。1月25日，夏蒙尼天空晴朗，大会正式开幕。法国教育部长加斯东·维达尔主持了开幕式。

各队入场先后与夏季奥运会略有不同，以法文字母为序，奥地利率先，东道主殿后。运动员宣誓由东道主派一名代表（滑雪运动员卡米耶·曼德里翁）宣读，其他各队派一名代表复诵。

同1896年夏季奥运会一样，获第一个冬季奥运会冠军的也是美国人，是男子速度滑冰运动员查尔斯·朱特劳。他在有27人参加的500米速滑中取胜，成绩44秒整。本届速滑除500米外，还有1500、5000、10000米和全能。芬兰人包下了其余4项的全部金牌，其中克拉斯·顿贝格一人独得了3枚金牌（1500、5000米和全能）和1枚银牌（1000米），是本届成绩最出色的运动员。

奥地利在20世纪初期是花样滑冰强国。19世纪末维也纳就创办了一所花样滑冰学校，培养了不少在国际上享有盛誉的运动员。这次他们派出了最优秀的选手参赛。男子单人滑中，金牌主要竞争者是两次世界冠军和1920年奥运会金牌获得者瑞典的吉·格拉夫斯特隆和奥地利选手威·伯克尔。在自由滑中，两人不相上下。但在规定滑中，格拉夫斯特隆占有一定优势。不过观众不满意评分结果，当格拉夫斯特隆领取金牌时，部分观众吹起了口哨。奥地利在女子单人和男女双人项目中，夺得了他们预期的胜利。

女子单人滑中，奥地利两次世界冠军黑·普兰克·索博轻松地获得了金牌。但在男女双人滑中，奥地利却碰上强劲对手。奥地利出场的是海·恩格尔曼和阿·柏格。恩格尔曼曾获1913年世界冠军，不过当时的舞伴是另一个人。他们的对手中有1911年世界冠军、1920年奥运会金牌获得者，芬兰的亚科布逊夫妇，有法国名手安·若利和皮·布律内。不过开赛后恩格尔曼和伯格一路顺风，如愿以偿。挪威女子花样滑冰运动员索尼娅·赫妮参加本届冬奥会时只有11岁，是年龄最小的参赛选手。

滑雪项目北欧占有明显优势，挪威29岁的托雷夫·豪格是其中的佼佼者。从1918年始至1923年，他在世界性的霍尔门科伦滑雪大赛中，7次在40公里、50公里和两项全能赛中获取冠军。赛前人们预测，以豪格为首的挪威滑雪选手将是这次比赛中的主要夺标者。结果正如所料，在滑雪4个项目（18公里、50公里、跳雪和两项全能）赛中，12枚奖牌几乎全被挪威囊括，仅芬兰的塔·尼库在18公里赛中夺去了1枚铜牌。豪格一人独得了4枚金牌中的3枚，另得了1枚跳台滑雪铜牌。但时隔半个世纪后，国际奥委会于1974年发现，当时在跳台滑雪比赛中，豪格的分数（18.000）是因计算错误得出的，他的正确分数应是17.821，低于美国运动员安德斯·豪根的17.915分。这枚铜牌应属于美国人。于是1974年9月12日，在挪威首都奥斯陆举行的一次特别仪式上，豪格的女儿郑重地将这枚铜牌交还给豪根。

夏蒙尼奥运会之后，豪格又在霍尔门科伦滑雪大赛中夺得了50公里冠军。为了纪念这位被誉为"滑雪之王"的选手，挪威后来在他的家乡树立了纪念碑。

雪橇运动19世纪就已在一些国家开展。19世纪末，瑞士圣莫里茨的居民和旅游者就不时看到一些英、美青年坐着雪橇从山上向下驶滑，并举行这类比赛。1908年奥地利首次举行了全国雪橇赛，随后，1910年德国也举办了这类全国赛。进入二十年代后，这项运动日益发展，不少国家成立了雪橇俱乐部，并经常进行国际比赛。因此，东道主将这一项目列入了比赛。但参赛国家水平发展不平衡，开展较普及的国家派出了两个队。本届仅1项男子4人座，进入前六名的队均属欧洲。瑞士一队获得了冠军。

加拿大、美国在冰球项目方面占有明显优势。预赛中，加拿大胜捷克斯洛伐克30：0，胜瑞典22：0，胜瑞士33：0；美国胜英国11：0，胜比利时19：0，胜法国22：0。从比分来看，当时欧美水平的差距是相当大的。最后决赛时，加拿大以6：1胜了美国，获得金牌。

本届共14个单项，挪威得金牌4枚，银牌7枚、铜牌6枚；居第二名的芬兰队金牌数与挪威相等，但银、铜牌少于挪威，分别为4枚、3枚；奥地利得金牌2枚，银牌1枚，居挪、芬之后。

当时谁也没有想到，这届原称作"第8届奥林匹亚德体育周"的冬季运动项目比赛会成为历史上的第一届冬季奥运会。据说由于这次比赛的成功，1925年国际奥委会布拉格年会正式承认这次比赛的成绩和纪录，并作为第8届奥运会的一部分。但由于秘书人员的疏忽，在会议记录中竟然误写为"第一届冬季奥运会"。后来国际奥委会也由此而予以认可和追认、并决定以后每4年可以由夏季奥运会主办国优先承办同年的冬季奥运会（从1948年开始，为减轻主办国的负担，同一年内的冬、夏季奥运会被放到了不同国家举办；1994年，国际奥委会又决定将冬奥会与夏奥会分开在不同年份举行），但届次与夏季奥运会的记法不同，按实际举办的次数计算。

1948年伦敦奥运会

二战前夕，国际奥委会还选定了第13届奥运会会址。1939年7月6—9日，国际奥委会伦敦会议将运动会会址选在伦敦。但是这届奥运会也因战争而未能举行。

1945年第二次世界大战刚结束，是年10月，英国奥委会向国际奥委会申请于伦敦举行第14届奥运会。当时战火刚刚熄灭，各国正忙于战后工作，申请主办的仅伦敦一家。英国轻易地获得了主办权。

英国不少人反对在当时困难情况下承办奥运会。英国奥委会做了大量宣传工作，四方奔走，克服重重困难，在资金短缺的情况下，还兴建了奥林匹克村，修缮了一些体育场馆，使运动会准备工作如期完成。

运动会于1948年7月29日—8月14日进行。7月29日下午4时整，英国国王乔治六世宣布大会开幕。英首相克利门特·艾德礼发表了友好演说。点燃本届奥运会圣活的是英国的田径运动员约翰·马克，而代表运动员宣誓的是另一位东道主的田径运动员唐纳德·芬雷。这是第二次世界大战中断了12年后举行的首届运动会，是奥林匹克运动的新起点。

本届参赛国家和地区达59个，这是一个创纪录的数字。运动员共4099人，其中女子385人，也是以往历届所不及的。选手人数最多的前三名国家是：英国313人，美国303人，法国285人。首次参加的有缅甸、英属圭亚那、委内瑞拉、伊拉里尼达、锡兰（今斯里兰卡）、南朝鲜、牙买加。中国派出了33名男运动员参加了篮球10人、足球18人、田径3人、游泳1人自行车1人共5个项目的比赛，未能取得名次。德国、日本因系第二次世界大战策源地，被剥夺了参赛资格。

本届奥运会项目包括足球、体操、帆板、篮球、游泳、击剑、赛艇、射击、柔道、举重、田径、拳击、皮划艇、曲棍球、自行车、现代五项、马术，136个小项目，只取消了手球和首次列入的女子皮艇。比赛成绩不好，总共只破了4项世界纪录，射击、游泳各1项，举重两项，而田径这样一个开展普及、单项众多的项目，却1项世界纪录也未破，这在奥运会史上是绝无仅有的。

布兰克尔斯·科恩：荷兰女选手，她报名参加了4个项目，8月2日100米赛中，她第一个到达终点，成绩是11秒9，比最接近她的对手快了0秒3。裁判形容她疾跑如飞，获得了"荷兰女飞人"美称。在这届奥运会上总共获4枚金牌，成为与柏林奥运会欧文斯齐名的人。

罗伯特·马赛厄斯：美国田径运动员，他在这个有20个国有35名运动员参加全能比赛中，战胜了所有的对手，成了最年轻的十项全能夺标者。他的成绩不高但他毕竟只是一个17岁的少年，还大有潜力。果然，1950年他以8024分创造了世界纪录；1952年在赫尔辛基奥运会上又以7887分创世界纪录的成绩夺得金牌，成为奥运会史上蝉联这一项目冠军的第一人。

格雷塔·安德森：丹麦女子游泳选手，获得了1枚金牌和1枚银牌。

卡·塔卡奇：匈牙利独臂射手，是本届射击赛中的新闻人物。1936年，在一次不幸事故后，他失去了右手，从医院出来后，这位射击运动爱好者，改用左手顽强地练习，1939年便夺得世界冠军。这次他以580环的成绩创手枪速射世界纪录并夺金牌。4年后，他又蝉联了这项目的冠军。伊·埃列克：匈牙利女选手，她曾在柏林奥运会上夺冠，这次又夺金牌。

在这届奥运会上，美国共获得了38枚金牌，27格银牌，19枚铜牌，居各国之首，瑞典次之获16枚金牌，11枚银牌，17枚铜牌，法国列第三、金、银、铜牌分别为10、6、13枚。匈牙利也获得了10枚金牌，只是银、铜牌比法国各少1枚。东道主成绩不是很理想，仅获3枚金牌，金牌数列第12位。但它获得了14枚银牌，6枚铜牌，如计算前六名非正式团体总分，仍属前六名国家之列。

本届运动会的裁判工作出现明显失误，给人留下不佳印象。特别是在拳击和游泳比赛中，因东道主裁判不公而争吵的事时有所见。

由于战争的结束，人们心情轻松，本届奥运会的观众很踊跃，门票收入超过5万英镑，而且大约有50万英国人从电视上观看了比赛。

亚特兰大奏响百年华诞的乐章

1996年7月19日，第26届奥运会在美国亚特兰大市开幕，世界奥运大家族的197个成员在百年华诞之际，终于实现了"全家福"。本届运动会上共计打破世界纪录、洲际纪录、国家纪录409个，其中世界纪录23项，是一次规模最大、水平最高、竞争最激烈的体育盛会。

亚特兰大在争办中之所以能获胜，主要得力于它拥有雄厚的科技和经济实力。亚特兰大有良好的国际机场，机场设有146个出口，每天可起落

2200架飞机，飞机航线可达世界各大城市。简便轻捷的地铁，每小时可疏散96000人。亚特兰大拥有9家电视台、5个有线电网、41家广播电台。在奥运比赛期间所有比赛场馆、练习馆、新闻中心等等，凡是有运动员、裁判员、记者、官员居住和工作活动的地方，全部实现电子系统与武装警察监视系统联网，保证通讯、严密保安、万无一失。亚特兰大还充分利用现代高科技，比赛中采用欧米茄公司电脑控制终点照相设备，不仅能将计时精度提高到1%秒以上，而且在最后一名运动员通过终点2秒钟后，彩色照片就能显示出来，供裁判最后确定名次。

在群星荟萃的男子100米决赛中，加拿大的贝利创造了连他自己都难以相信的9秒84的世界纪录。美国的约翰逊继在400米跑比赛中夺取金牌后，又以19秒32的成绩改写200米世界纪录，成为奥运史上第一位同届获这两项冠军的人。贝利和约翰逊的获胜，引起了世人对"谁是世界跑的最快的人"这一问题争论不休，于是2人以6月1日那略带无奈的150米之战向世人做个交代。

在女子100米跑决赛中，美国的德弗斯和牙买加的奥蒂的成绩同为10秒94，国际业余田联仲裁小组根据冲刺那一刹那的照片裁定德弗斯的躯体部分比奥蒂早千分之五秒到达终点，德弗斯又一次成为奥运飞人，而奥蒂又一次成为永远的亚军。

举重高潮迭起，10个级别比赛共创造15项世界纪录。是本届奥运会打破世界纪录最多的项目。当年的举重神童土耳其的苏莱曼诺尔古今朝再显神威，连续第三次获冠军，并创造64公斤级总成绩世界纪录。在他18年生涯中，共获22个世界冠军，成为举重史上的英雄。

在体操比赛中，俄罗斯队以576.778分总分获得男子团体冠军。这是体操巨头阿尔克夫第四次率队夺得奥运会团体冠军。其中两次作为前苏联队教练赢得莫斯科和汉城奥运会冠军，第三次是在巴塞罗那带领独联体队摘取金牌。中国选手李小双以0.058分微弱优势击败俄罗斯的涅莫夫捍卫了"全能王"的宝座，成为第二个连续获得世锦赛和奥运会冠军的运动员。

"东方神鹿"王军霞在女子5000米跑决赛中为中国队赢得首枚田径金牌，这也是奥运史上首枚女子5000米金牌。

中国的伏明霞在女子跳板跳水决赛中再夺金牌，成为36年来第一位在奥运会上同获2枚跳水金牌的女选手。俄罗斯跳水选手萨乌丁获男子跳台跳水冠军。3年前他被一伙流氓用力刺伤多处，在医生的全力抢救下才幸免一死，在最初的训练中，每当入水的一瞬就疼痛难忍。此枚金牌，对战胜死神、战胜自我的萨乌丁来之多么不易。

本届奥运会我国派出309名运动员，参加了22个大项比赛，荣获16金、22银、12铜，刷新四项世界纪录的良好战绩。从刘长春的单刀赴会，到亚特兰大辉煌战绩，华夏儿女奋起的脚印，深深地刻在奥林匹克道路上。

亚特兰大奥运会是一次奥运大家庭团聚的盛会，是一次成功的大会。恢宏壮丽的百年奥运给全世界带来友谊、进步和欢乐，滋养了人类美好的精神、体魄和能力，留下了对力与美的永恒希冀。然而由于奥运会结束了严重财政亏空的历史，赞助商、保险公司和贷款唱了主角，奥运会从此成为一部巨大的企业机器。由于民间承办奥运会是利字当头，对组委会来说如何确保收支平衡是当务之急，从而忽视了大会组织工作。交通指挥的混乱、通讯联络不畅、奥林匹克纪念公园的大爆炸，以及赛前美国一民用飞机失事等等都给十分明亮灿烂的奥运圣火蒙上一层浓重阴影。

奥运会需要商业化，但如果商业化超过了奥运会本身，必将奥运会引入死胡同。在新的世纪，奥林匹克运动发展必然面临着这一新的挑战。世界人民在祈盼着象征人类美好理想的奥林匹克运动明天会更美好！

奥运盛会之白璧微瑕

1924年7月5—27日，在法国巴黎第二次举办第八届奥运会。来自44个国家的2956名男选手和136名女选手参赛。"金色的20年代"所具有的物质基础，为巴黎举办奥运会提供了良好的条件。法国政府和巴黎市政府面对影响越来越大的奥运会，意识到他们1900年不给巴黎以支持和重视是一件莫大蠢事。为弥补24年前的遗憾，法国政府和巴黎政府投资了上千万法郎，决心办一届比斯德哥尔摩更成功的奥运会。组委会扩建了1909年在巴黎郊外修建的科隆博体育场。组委会还修建了能容纳1万人观众的游泳池，泳池长50米，并第一次用明显的标志将各泳道分开。游泳池附设跳台跳板，这个游泳池在世界游泳史上已算相当标准了。并修建了运动员住房。

巴黎及法国各地人们对体育不再那么冷淡。观众总数达64万人次，带来550万法郎收入。这一届可算是有史以来最好的一届。顾拜旦欣慰地说："我的工作已经完成了。"这届奥运会也成功地成为顾拜旦的告别仪式。

值得一提的是，巴黎奥运会的组织者们，将体育和艺术融为一体，在奥运史上举行了第3届艺术比赛。巴黎以其独具特色的文化韵味为大会增添了绚丽的色彩。艺术比赛包括建筑设计、音乐作品、绘画三项内容。希腊画家迪米特里阿迪斯的作品：《芬兰铁饼运动员》获金牌。整个巴黎处于奥运热之中，举办了不少舞会、游艺会、时装表演、音乐会、歌剧等等，把整个巴黎搞得好不热闹。从这方面来看，巴黎奥运会也是体现奥林匹克精神最好的一届。

本届奥运会上，最大的明星是芬兰长跑巨星鲁米这位神奇的芬兰人总共夺得5枚金牌，创下了用脚写春秋的奇迹。一位法国摄影记者拍下这样一个历史镜头：在1小时内连续夺得1500米和5000米金牌，连续创下两项奥运纪录的鲁米脱下跑鞋，坐在体育场内草地上，照片标题是"鲁米脱下了疲劳的鞋"。鲁米成了巴黎奥运会最引人注目的人物，他手中捏着秒表，迈着两条细长的腿，如同上了弦的机器不停地向前运动。在安德卫普奥运会5000米比赛中因没掌握好时间输给了法国选手吉勒摩，使鲁米从此一上跑道便捏着秒表：他要掌握时间、控制自己节奏，以击败所有对手。

另一位芬兰选手里托拉在奥运会上与鲁米一起奏起了"芬兰二重奏"，芬兰这个北欧小国不断产生令世界震惊的长跑精英。芬兰第二次成了田坛巨人美国的认真对手。美国获12枚田径金牌，芬兰获10枚田径金牌。如果人们想一下，美国在1924年全国人口已超过1亿，而芬兰全国只有3336507人，那么两相比较，美国人的胜利也许就变成了失败。意大利选手弗里杰里奥再度获竞走冠军。

本届奥运会上出现了一位游泳明星，他就是美国运动员威斯穆勒。他一举夺得100米、400米、4X200米自由游金牌，他还作为美国水球队员获1枚铜牌，加上4年后所获2枚金牌，共获6枚奥林匹克奖牌，成为20年代世界泳坛一颗光辉夺目的明星。威斯穆勒在游泳史上还有几件名垂青史的事：他是世界上第一个不到1分钟游完100米的人；他先后67次打破世界纪录；他在8年生涯中36次获美国冠军。威斯穆勒，由于他宽肩膀、胸部发达、体态健美，后来被美国好莱坞制片人看中，在《人猿泰山》影片中扮演主角，从而再次成名。他作为"游泳国王""丛林国王"直到晚年仍是新闻人物。他始终保持健美体型，而且一直游得很快。

梦绕蒙特利尔

位于圣·洛伦茨河畔的蒙特利尔是加拿大最大城市，这个城市对奥林匹克运动有一种特殊的热情。早在现代奥运会1896年正式诞生之前，蒙特利尔就曾在1844年举办过一次名为"蒙特利尔奥林匹克比赛"的大型体育活动。进入20世纪以后，那里的市民总在盼望能有机会在自己家乡主办一次真正的奥运盛会。1929年，该市申办了1932年冬奥会主办权，但未获批准。1939年，该市参加了对1944年冬奥会的投标，1949年该市提出同时主办1956年冬季、夏季奥运会申请，依然未能成功。无独有偶，喜爱奥林匹克运动的市民有一个对奥林匹克产生虔诚兴趣的市长——让·德拉波，身材短小精悍的他曾于50年代后期访问过位于洛桑的国际奥委会总部，深深地为奥林匹克理想所打动。1960年他飞赴罗马观看17届奥运会，壮观的奥运礼仪及紧张激烈的比赛使他激动不已。1962年又正式申办1968年奥运会。然而当时蒙特利尔只有一个适合比赛的体育馆，离举办能力还有较大差距。在加拿大联邦成立100周年之前，德拉波争取到了在蒙特利尔举办67届世界博览会的机会。世界博览会给蒙特利尔发展经济带来契机，并且大大的提高了蒙特利尔的知名度。此时，认为时机已到，德拉波又一次提出申办奥运会想法，1966年，德拉波市长率蒙特利尔市代表团前往罗马竞争1972年奥运会主办权。提出了奥运史上任何一个国家都未曾提出的许多诱人许诺：蒙特利尔免费为各国运动员在奥运村提供食宿。但仅此一项优势，还不足以使蒙得利尔争得主办权。1970年毫不气馁的德拉波市长再次率代表到阿姆斯特丹竞争奥运会。德波拉提出了"自筹资金，办一届俭朴的奥运会”的响亮口号。

当竞争终于在阿姆斯特丹揭晓时，国际奥委会主席布伦戴奇介绍说：莫斯科曾处于领先地位，但没有得到多数票。还没等到他往下宣布结果，迫不及待的苏联塔斯社记者已经向世界播发了莫斯科获胜快讯。然而苏联人弄错了，最后获胜的是蒙特利尔。当布伦戴奇郑重宣布蒙特利尔获得1976年奥运会主办权时，德拉波代表团沸腾了：勇士们激动得热烈拥抱，女士们则高兴得泪流满面，大颗大颗泪珠滴落在她们漂亮、艳丽的礼服上——多年努力终于获成功。可谓功夫不负苦心人。兴奋至极的德拉波立即与蒙特利尔通话，他用蒙特利尔独特风味酬谢奥林匹克大家庭。当晚，一架载有丰盛食品的飞机从魁北克直航阿姆斯特丹。24小时后，700位宾客在希尔顿饭店享受一次由22道菜肴组成的蒙特利尔晚宴。当宾客们品尝这些美味佳肴时并未意识到：对国际奥委会、对于蒙特利尔市民，这将是今后6年，令人烦恼的开端，将是许多铺张浪费行动的开端——以举办“俭朴奥运会”为口号的蒙特利尔奥运会花掉政府10亿多美元的资金；财政大亏损使那里的市民10年之后还在为这些开支纳税还钱。

蒙特利尔奥运会筹备工作也不顺利。直到1972年蒙特利尔组委会仍没有成立起来。奥运会主会场的设计师由德拉波亲自挑选，定为法国著名设计师泰利多贝尔，这一决定在加拿大引起轩然大波。在施工过程中，工人因工资待遇等问题又举行罢工，严寒将至，工程进程缓慢。国际奥委会对筹备工作忧心忡忡，甚至想重新选定奥运举办城市。后来，加拿大政府指派魁北克省环境和市政部长接管工程才使筹备工作进入正常。奥委会主席基拉宁对蒙特利尔奥运会感慨万分。在他的回忆录中写蒙特利尔奥运会一段标题耐人寻味。他写道：“啊，上帝！啊，蒙特利尔！”

本届奥运会参加的国家和地区只有88个，这个数字大大低于慕尼黑奥运会。

蒙特利尔奥运会因其准备工作迟缓而永远载入奥运史册，并书写在日后奥运东道主的教科书中；但蒙特利尔也因其辉煌的运动成就而永远被载入奥运史册。在那里诞生了新的体育竞技巨人——民主德国。从此苏联、美国、民主德国三足鼎立的奥运新格局开始形成。赛前报界虽然对正在形成的新格局有一定分析，但它不鲜明，它使观众朦朦胧胧地有某种预感。觉得这届奥运大赛与以往不同，但究竟不同在何处，蒙特利尔人并不明白。直到他们被民主德国旋风刮懵之后才如梦初醒，噢！又一个体育巨人诞生了。

这场民主德国旋风首先从游泳刮起。女子9项世界新纪录有7项为民主德国队所创造。尤以为最的是恩德尔。她十余次打破世界纪录。在蒙特利尔四夺金牌。

在田径比赛中，人们说刮起蓝色的狂风。民主德国男女选手共获11枚金牌，而美国只获6枚金牌，苏联获4枚。美国黑人摩西以47秒64打破男子400米栏世界纪录，夺得金牌。8年来，他多次打破纪录，被评为"年度世界最佳运动员"。

本届最辉煌的运动员当数是"世界体操皇后"罗马尼亚14岁的姑娘科马内奇。她的精彩的表演使所有人为之倾倒，她在奥运史上和体操史上第一次在一次比赛中获7次满分：10分。科马内奇在1976年和1980年两届奥运会上共获9枚奖牌。1976年被评为"年度世界最佳运动员"。1980年被评为"本世纪最佳运动员"。

默默吟唱马赛曲

20世纪70年代末，法国马赛市，犯罪率仅次于巴黎而居全国第二位。该市市长采纳了体育社会学家的建议，在市内大修体育运动场，每天中小学学生课余时间去运动场踢球或从事各种运动。结果奇迹发生了，马赛市青少年犯罪率明显下降。专家们总结出一条近似的规律：一个国家城市的监狱数和运动场数成反比，哪里的运动场多，哪里就会监狱少犯罪人少。人们将马赛市维护社会安宁的经验称之为"马赛的安宁"。

我们生活的社会，是一个充满矛盾运动的实体，如何最大限度地控制或减少各种社会不安定因素的蔓延，是当今社会人们所必须慎重考虑的问题。

现代社会心理学有一种理论认为，人与动物一样具有一种天生的攻击性，这是保护自我的必要条件。而我们这个社会时常出现的不安宁状态，就与人类的这种天性有关。行为学家研究了人类攻击性形成的原因和特征，认为单凭控制和抑制这种攻击性，只能收到暂时的、局部的效果，反而会积聚起来，经过相当长时间潜伏后，突然爆发出来，造成难以预料的恶性后果。

体育运动中的竞争，奥运会和各国运动竞赛，是社会竞争的缩影，其发展历史记录、展现着人类各个时期攻击性表现。在现代社会，竞争是社会的发展动力，没有竞争的社会必定是一个陈腐、缺乏生气的社会。社会运动和体育运动寻找到了一个良好的结合点，这就是竞争。人们用体育运动培养竞争意识，同时用体育运动消释社会竞争中表现出来的攻击性。

现代文明社会又在另一方面利用各种体育竞赛，使它成为发泄攻击性的最重要场所。体育运动的最大功能是代替那些不可缺少但又最危险的攻击类型行为，为人们的狂热战斗，安上一个保险、灵活的阀门。人们发泄狂热，但不因此而增加仇恨。所以说，奥林匹克运动会是唯一某一国家国旗升起时，不会引起其他国家敌视的场合。

国际的运动竞赛，不仅为种族和个体的战斗热情找到了发泄途径，而且还消除了战争危险性。可以说，体育运动是战争的天敌，而且对维护社会治安，减少暴力事件均有积极的作用。我国公安部门调查统计显示：凡是城市里有重大的赛事，或电视转播重大国际比赛，街上行人、公共交通工具乘客人数大为减少，城市的犯罪率明显下降。

青少年犯罪，是一个困扰许多国家政府的尖锐社会问题。进入80年代后，世界上各国尤其是工业发达国家的青少年犯罪日益严重，成为难以遏制的公害。

古希腊哲学家柏拉图曾经说过："罪恶是来自不良教育以及不健全身体。"确实，体育运动与青少年品质的培养，法治观念建立、性格意志的成熟都有密切关系。

我国湖南省曾对118名在少年管教所和工读学校（学生）的失足少年进行调查分析，这些13—18岁的青少年，在校期间经常参加体育运动的只有4人，占3%；在小学参加体育代表队进行训练的只有2人，不到2%；在中学参加过校级代表队训练的只有1人。

体育专家们认为，体育运动，或从事运动锻炼，或观赏运动竞技，都会给青少年一些刺激，某些刺激可以使他们达到狂热程度，这比他们在犯罪时更感到赋予刺激性，因而减弱了他们犯罪的心理动因，或者可以培养和激发上进心和良好心理素质、道德品质和合作精神。这就是现代社会产生"马赛安宁"现象的一种原因吧。

归去来兮好望角

从1948年南非国民党在大选中获胜后，南非开始系统推行种族主义，建立以各方隔离制度为基础的政治体制。在自此以后的43年中，南非颁发了多如牛毛的法律，对黑人实行歧视、隔离、剥削压迫和残酷镇压。同样，体育则成了白人的专利。少数白人占据主要城镇，住宅区里街道整洁、绿树成荫；而黑人只能在一些城市郊区和乡村建立一些黑人居住区，或称"飞地"。在北郊的亚历山德拉市，用铁皮搭成的简易住房里住着50万黑人，在索韦托67平方公里的贫民窟里，住着250万黑人。在这些"飞地"上，体育设施少得可怜，只有一两个网球场和一个足球场，体育比赛几乎是不存在的。

1964年，由于南非拒绝派一支由白人和黑人混组的单一的代表队，而被国际奥委会取消其参加东京奥运会的资格。1967年，国际奥委会派代表团到南非，提出给他们两年时间，要求南非考虑并执行奥林匹克宪章，但南非仍一意孤行。1970年，国际奥委会在荷兰阿姆斯特丹开会，决定将南非从奥林匹克运动中正式开除。自此以后，世界上几乎所有的国际体育组织和绝大多数运动员对南非进行抵制，不与他们进行比赛，以支持南非黑人反对种族歧视和种族隔离的斗争。

由于残酷的种族统治，南非受到了国际社会的全面制裁。这种制裁中止了贸易生意，吓退了外国投资者，无人赞助体育活动，南非白人体育实际上也气息奄奄。

南非黑人的斗争及世界人民的支持，迫使南非当局做出让步。1989年

9月，南非政局发生新的转折，德克勒克当选总统。他虽不知名，但较为开明。他上任后，释放了被监禁27年之久黑人领袖曼德拉，宣布他领导的非洲人国民大会等政治组织为合法组织，释放部分政治犯，一些流亡人员获准回国，议会废除了种族隔离制度的最后三大支柱法律《特定居住法》《土地法》和《人口登记法》。曼德拉和主教图图在群众中做了大量说服工作和宣传工作。

出生于南非德班的南非籍印度人拉姆萨米结束了17年的流亡生活，回到约翰内斯堡，充任新成立的南非全国临时奥委会（全国奥委会成立之前的一个多种族体育机构的过渡）主席。他说："黑人和白人都愿意成立非种族组织，只要申明剥夺公民权是不平等的，我们相信单项组织是能联合起来的。"1990年，南非的三个田径组织正式合并成一个统一的南非业余田协。其他的新时期组织也已经或正在商讨合并。而南非业余田联的成立为实现国际奥委会提出的南非与非洲体育组织关系正常化迈出了坚实的一步。5月下旬，非洲田联在一次特别会议上宣布将重新接纳南非为非洲田联成员。

对南非、对非洲和对国际奥林匹克运动来说，1991年7月9日这一天，是值得纪念的。这一天，国际奥林匹克委员会决定承认南非新成立的临时奥委会，从而结束了南非20多年来在体育上处于孤立的状态，并为南非派队参加1992年巴塞罗那奥运会铺平了道路。

国际奥委会的决定，在南非和国际上引起了不同反应。

鼓掌欢迎的是政府官员和翘首以待参加国际比赛的南非运动员。在过去的奥运会上，南非选手曾获得过52枚奖牌的好成绩。突破孤立使他们获得新生。教育部长喀·皮埃纳尔则将7月9日称为南非历上一个"红色的日子"，它将起到考察其回归非洲大家庭的可能性。

但是，南非的主要反种族隔离政党觉得国际奥委会的决定太仓促。他们更反对美国取消对南非的经济制裁。认为，应该在新宪法保证给予黑人以选举权后才谈得上取消经济制裁。

泛非主义者大会则认为决定来得太早，因为"体育禁赛和贸易制裁的目的尚未达到"。

到目前为止，南非在政治上仍有不少问题没有解决；新宪法谈判尚未开始，在许多地方和部门仍然存在着事实上的种族隔离，白人和黑人悬殊的经济地位尚未改变。而在体育界，更有许多目前尚不能解决的问题。

大美与大竞技

1956年圣诞节前夕，澳大利亚"关塔"航空公司的一架大型喷气式客机直飞罗马，作为奥林匹克理想的接力棒——奥运会会旗被运往历史和文化名城罗马。为了表示对顾拜旦奥林匹克理想的崇敬，为了扩大奥运会的影响，罗马奥运会组委会决定举行一次大规模古典式火炬接力。火炬从奥林匹亚传出，路经帕特拉斯、科林斯、雅典，然后从海路传递到意大利的西西里，穿过拿波里到罗马，全长1532公里。1960年8月12日上午11时，在希腊奥林匹亚古奥运会遗址，举行了隆重的取火仪式。一名叫卡切莉的希腊妇女按传统着装，用透镜聚光点燃火炬，接着一名青年单膝跪立，庄重地接过火炬，开始了火炬接力第1棒。火炬接力队伍绕过安葬顾拜旦心脏的墓地，经古希腊名城波匀戈斯，抵达雅典后举行了庄严的纪念仪式，然后火炬接力选手登上了《阿美里戈·维斯普希》号轮船，绕过希腊半岛直至西西里岛。西西里岛最高行政长官接过火炬亲手交给意大利境内选手贝罗。火炬像一条火龙在意大利崇山峻岭中穿行，于8月24日抵达罗马。

为了举办奥运会，组委会除组织修建能容纳10万观众的奥林匹克运动场和大型体育馆外，更令人感兴趣的是，马术、拳击、摔跤等项目则安排在古罗马时代的运动场进行，在那里比赛可体味到古罗马种种的竞技角斗，另有一番情趣。

8月25日下午第17届罗马奥运会正式开幕。84个国家参赛，参赛运动员5348名，超过历届奥运会。自现代奥运会首创以来，在17届奥运会中是规模最大的一次，其规模进入"超级奥运"新阶段。本届奥运会第一次采用了奥运会及格标准和起码成绩的做法。

开幕式入场式按罗马字母顺序入场，希腊先导，意大利殿后。运动员经过贵宾席，以各国特有风俗向意大利总统隆基致敬。在蓝天下，绿草如茵的运动场格外动人，运动场周围飘扬着各参赛国国旗，千万只象征和平的白鸽飞向天空。圣火、旗帜、鲜花、白鸽从地面到天空立体地编织了一个绚丽的奥林匹克画卷。几十万人为之陶醉，为之欢呼。罗马古城焕发了青春，再度显示出它的辉煌。

罗马奥运会有5名选手独得3枚以上金牌，其中，美国20岁黑人选手鲁道夫是意大利人最喜爱的明星，她一人独得3枚短跑金牌，成了一位"女欧文斯"。又当选为"奥林匹克小姐"。鲁道夫身材修长，两腿长得出奇，人们都说她的体型像一个时装模特。她跑的姿势优美，动作轻松自如。许多田径专家说，看鲁道夫赛跑，简直是一种享受，使人获得美的启示。

鲁道夫4岁时患小儿麻痹症，长期的治疗终于在8岁时才能像正常人一样跑步，而她的左腿曾一度瘫痪。11岁时她爱上了体育，美国田径教练坦普勒看中了她，把她引上成为田径明星之路。

罗马尼亚女子跳高运动员巴拉斯一跃而过1.85米夺得金牌。她从1956年至1961年共13次打破世界纪录，第一个突破1.80米大关，开始"巴拉斯时代"。来自中国台湾省的十项全能运动员杨传广，在罗马奥运前和美国运动员约翰逊在同一比赛中双双打破世界纪录。本届奥运会，杨传广以8334分成绩获银牌。然而这一枚银牌却是中国人有史以来在奥运会上获得的第1枚，它的意义非同寻常，它为中华民族争了气。

亚运振兴之光

亚运会的创办是亚洲历史上的一件大事，是亚洲人民的骄傲和自豪。亚洲这个面积和人口均居全球第一的大陆，由于种种原因在一个长时期中许多方面落后了。体育运动的普及和提高水平也是如此。长时期缺少国际交流与竞争，技术水平提高不快，因此要建立一个权威性地区组织十分必要。早在1913年开始的远东运动会，可以说它是亚运会的先声。远东运动会从1913年开始到1934年结止，先后举办了10届，其时间之长，影响之大，堪称亚洲近代运动会之最，因此被视为现代亚洲运动会的先声。

远东运动会的开端，得力于当时亚洲风暴的暂时平静及美国人布朗的积极倡导。

1912年9月，这位在美国的殖民地菲律宾任体育协会主任的布朗，游说于中国和日本，意欲效仿国际奥林匹克运动会，办一个亚洲地区的运动会。当时中国尚未有一个全国性的体育组织，但曾经筹办1910年"全国学校区分队第一次体育同盟会"（后被追认为旧中国第1届全国运动会）的组织者们对布朗的建议很感兴趣，便欣然同意合作。于是远东奥林匹克体育协会便应运而生了，会员国只有菲律宾和中国。只是到后来，会员国才增多。1913年2月1日至9日，远东运动会在菲律宾首都马尼拉举办了第1届。

远东奥林匹克体育协会的成立，受到国际奥委会美国委员们的支持，他们特赠予金花圈一个作为远东运动会的锦标。但由于第一次世界大战的爆发，直到1920年，国际奥委会才正式承认远东运动会，并建议不用远东奥林匹克体育协会的名称，改为远东体育协会。这是世界上第一个与国际奥委会发生联系并被承认的地区性体育组织。由于世界大战，远东运动会受到影响，各国体育组织中断了联系、交往。第二次世界大战结束后，亚洲许多国家和地区的体育界人士都积极谋划恢复亚洲各个国家和地区间的体育交往。1947年初，亚洲会议在印度首都新德里召开。会上，国际奥林匹克委员会同印度委员桑迪提出组织一个亚洲运动会联合会的建议，得到与会代表的赞同。这一建议还得到当时印度总理尼赫鲁的支持，他提出："把过去的远东运动会更名为亚洲运动会。"

1948年7月29日，第十四届奥林匹克运动会在英国首都伦敦开幕。大会期间，桑迪遍访了当时参加这届亚运会的12个亚洲国家和地区的代表，共商筹建运动会联合会。

8月8日，由菲律宾代表出面召开了有关成立亚洲运动会联合会的第一次筹备会议。到会的有印度、缅甸、锡兰（现斯里兰卡）、中国台北、菲律宾、南朝鲜等国家和地区的代表共10人。经过讨论，会议通过了印度代表的提案："1949年2月在印度首都新德里举行第一届亚洲田径锦标赛并成立亚洲业余体育联合会。"随后，会议推选中国代表郝更生，菲律宾代表巴托洛姆·范尔加斯、南朝鲜代表及印度代表桑迪组成五个特别委员会，负责起草亚洲运动会章程。

3天后，特别委员会召开会议，会议上做出以下决定：

1949年2月举行亚洲体育联合会成立大会。

联合会按照世界运动会方式，在1950年举办第一届亚洲运动会，以后每4年举办一次。

原定1949年在新德里举办的第一届亚洲田径锦标赛改为邀请赛，仍由印度举办。

联合会负责人人选是：主席，印度的辛格；副主席，菲律宾的范尔加斯；名誉秘书长兼司库，中国台北的郝更生。

这次会议为亚洲运动会联合会的成立奠定了基础。

1949年，印度因种种原因不能如期举办原定的田径邀请赛，便再次邀请各国体育组织代表于2月12—13日在新德里参加会议。印度、菲律宾、缅甸、伊朗4个国家为此派出了正式代表团，阿富汗、印尼、锡兰、泰国、巴基斯坦等国则派出自己驻印度使馆的官员参加会议。会上正式决定成立亚洲运动会联合会。主席是辛格，副主席是范尔加斯，秘书长兼司库是桑迪。

联合会的任务是："按期举办亚洲运动会和亚洲冬季运动会，发扬奥林匹克体育运动的理想，鼓励和引导亚洲国家和地区体育运动的发展。"

联合会规定："凡亚洲国家和地区的奥林匹克委员会或全国性体育组织均可参加亚洲运动会联合会，要求入会者还吸收亚洲各单项体育联合会的会员，但后者必须是国际单项体育联合会的成员。"

阿富汗、缅甸、巴基斯坦、菲律宾、印度五国当即签字正式加入亚洲运动会联合会。

联合会举办的运动会被正式定名为亚洲运动会。简称亚运会。

在本次会议上通过决议："同意印度申请举办第1届亚洲运动会，菲律宾申请举办第2届亚洲运动会，时间分别是1950年和1954年。"

不久，国际奥林匹克运动委员会发表声明，承认亚洲运动会为正式的亚洲地区运动会，但亚洲运动会在组织上与国际奥委会并无从属关系。

第1届亚运会原定于1950年举行，但东道主印度因种种筹备不及，只得决定亚运会延期一年举行。此时亚运会联合会已有阿富汗、缅甸、锡兰、印尼、巴基斯坦、日本、尼泊尔、菲律宾、新加坡、叙利亚、泰国、伊朗、印度和以色列共14个正式会员。

亚运会决定在两届奥运会中间举办。第1届亚运会于1951年3月在印度新德里举办。当时有6个比赛项目，11个国家和地区的489人参加。随后，每4年一次，参加的国家和地区也越来越多，人数随之成倍增长。到1986年亚运会共有10届。汉城亚运会时，有27个国家和地区4839人参加了25个项目的比赛。这10届亚运会中，印度承办了第1、第4、9届，泰国承办了第5、第6、第8届，菲律宾承办了第2届，日本承办了第3届，伊朗承办了第8届。

我国正式参加亚运会是1974年。在此之前，由于台湾非法进入亚运会联合会，中国大陆宣布与亚运会联合会断绝关系。经过长期的斗争和国际体育界人士的支持，确认了中华全国体育总会为亚运会联合会的会员，取消了台湾体育组织代表中国的资格。

在第一次参加的亚运会上，我国运动员获得了33块金牌，45块银牌，28块铜牌，按金牌数列25个代表团的第三位。在泰国举行的第8届亚运会上，我国共获得金牌56块，银牌60块，铜牌51块，获奖牌总数列25个代表团的第二位，有显著进步。到了第九届亚运会，有33个国家和地区4595名运动员和官员参加，赛项共21个。我国运动员以61比57的成绩，金牌总数战胜了日本，打破了日本一直称霸亚洲的局面。到第10届汉城亚运会，中国派出了袁伟民为团长的代表团前往汉城，经过奋战，保持了金牌总数第一的成绩。

随着我国体育事业的发展和运动技术水平的提高，国内人士和国际体育界朋友都希望我国能够为亚洲体育事业做出更大的贡献，希望中国能够承办亚运会。1982年，国家体委和有关部门联合向国务院打报告，认为我国举办亚运会的条件已经成熟，申请举办第11届亚运会。1983年7月，党中央、国务院批准并确定由北京市主办。1984年9月，经过复杂的竞争后，亚洲奥林匹克理事会第三次代表大会决定，由北京举办1990年第11届亚洲运动会。我国成功举办了第11届亚运会。金牌总数遥遥领先，亚运会工作受到各国一致肯定。

别具一格的海员运动会

在波罗的海的海面上，运动员们冒着严寒正在进行一场激烈的比赛。球场就是一块巨大的浮冰，场地是用雪围起来的，球门也是用雪堆成的。运动员是芬兰两艘破冰船的船员，他们都穿着厚厚的滑雪衫。比赛结果，"阿普"号以3∶2胜"塔尔莫"号。

在鹿特丹港区的一个足球场上，冰岛一个海员刚要起脚射门，突然发现对方的守门员竟是一位美丽的金发少女，她正朝着他笑。原来这位守门员是瑞典商船"罗维萨·哥尔滕"号上的女招待玛莲·奥尔森，今年23岁。

这种看来像是乡下人赶庙会一样的比赛，原来是由世界许多国家的海员组织举行的。队员们男女混杂，老少均有，水平不一，但比赛的气氛热烈而亲切，大家从中都得到了享受。

现在，使海员动心的不再是港口上的夜总会、酒吧间，而是足球比赛了；在海员们的耳边，欣赏的已不是绳索间的风声，而是训练时运动鞋和甲板摩擦产生的吱吱声。甲板和码头对海员们来说变得更亲切了。

这种在世界上到处漂流的海员之间的足球比赛，称作海员足球锦标赛，它已得到国际足联的承认，成为世界上重要比赛之一。比赛的优胜者可获得"七海足球冠军"的称号。1982年，由挂着78个国家的国旗的游轮和商船组成的856个球队参加了这项比赛，单从数量上看，世界杯足球赛似乎也显得有点逊色。

海上足球赛令人惊异之处，不在于比赛水平的高超，而在于有时是在大海上颠簸不平的轮船甲板上进行的。在甲板上踢球，运动员们步履维艰，一个个累得像火车头似的气喘吁吁。比赛时间也不是按正常规定的90分钟，而是1小时。"技术委员会"遴选人材，也只限于船上的人——从船长到厨师。

凡是举行海员运动会的地方，都呈现出一片节日的气氛。1981年7月8日举行的足球赛，参加比赛的有苏丹、英国、埃及、智利、苏联、波兰和马来西亚等国的21个球队，他们用各自的彩旗把场地装点得花团锦簇。苏丹队员齐声高唱歌曲、踩着鼓点进入会场。智利队员用吉他伴奏，高声欢呼。波兰队在战胜苏联队后，队长兴高采烈地挥舞着波兰国旗。在这次比赛中，苏格兰队夺魁，苏格兰的"阿封·弗勒斯特"号船员，把队员中最年轻的16岁的助理厨师抛到空中，欢喜若狂。甚至有的获胜的球队，雇用飞机，拖着彩带，在别的轮船上空转来转去，以炫耀自己的胜利。

海员们十分热爱这种运动形式。挪威"科龙普林斯·哈拉尔德"号船长拉内尔·阿尔维克说："20多年前，我们干的都是重活，一上船就累得不行。但现在工作差不多全是自动化了，观看了一天雷达荧光屏，头昏脑涨，但是身上却闲得不是滋味儿。为了从单调和懒散的生活里解放出来，发现积极参加体育锻炼是一种最好的办法。"

但是，由于船主一般只关心自己的生意，而不太注意船员们的运动，船员们只能利用一切机会参加比赛。他们常常是一场赛完再接着另一场，一直赛到深更半夜。鉴于船只分散在世界各地，比赛不能采取淘汰办法，为此，海员锦标赛有一套自己制定的复杂的计分方法。笼统地说，分数越多越好。例如某队在按规定赛完以后，还可以再和别的优胜队比赛，以取得一些额外的分数。

因此，冠军的取得有时不只是取决于队员的水平高低，还要碰运气，看能不能在合适的时机、合适的港口、遇上一个合适的对手。1980年锦标赛期间，参加决赛的瑞典商船"罗维萨·哥尔滕"号就遇上了一次好机会。当时，离比赛规定的期限仅剩两天，"罗维萨·哥尔滕"号与它的对手、巴西"奥利维亚"号得分一样。但这时"奥利维亚"号正航行在大西洋上，不可能找到一个可能使自己得到额外分数的对手，而"罗维萨·哥尔滕"号却找到一个可能赢得额外分数的机会，一天清晨，"罗维萨·哥尔滕"号船长罗尼·奥尔逊把累得筋疲力尽的船员拖起来，准备和"卡罗拉"号的船员踢一场，争取获得额外分数。

于是这场国际锦标赛的重要一场就在柔软的雪地上开始了。场上打着探照灯，而且还居然有一个啦啦队，不过只有4个人。在结束前的5分钟，比分是2∶2，忽然，"罗维萨·哥尔滕"号的机械师卢内·尼松拼命甩开了紧盯着他的对方队员，从20米以外起脚劲射，中了！比分成了3∶2。比赛结束，"罗维萨·哥尔滕"号获胜，从而取得了关键的额外分数。"奥利维亚"号却因没能遇上一个可使自己得到额外分数的对手，在总分上只好屈居于"罗维萨·哥尔滕"号之后。

三星期后，"罗维萨·哥尔滕"号上的大副、当时的球队队长肯特·克纳松听到正式广播后对该船船员说："向全体船员致以热烈的祝贺，祝贺你们荣获1980年七海足球冠军。"船上顿时爆发出热烈的欢呼声。当时正在北海海面上孤零零地航行的这条白色商船，居然还拉响了汽笛以庆贺胜利！这个胜利给克纳松带来了双重的喜悦，他说："想不到球踢胜了，连我这个官儿也好当了！现在，指挥一条船对我来讲好像是一件开心的事！"

第一届海员足球锦标赛是1950年由挪威政府的海洋服务局为自己的船队组织的，当时只有挂挪威国旗的船只参加。从1968年开始，挂其他国旗的船只也可以自由申请加入。后来，挪威海洋服务局还推动和举办了别的海员运动会。

1967年，成立了国际海员体育运动委员会，现在已有11个国家的船队参加，其宗旨是组织和推动海员的体育运动。至今已有属于110个国家的4万名左右的男女海员参加了各种各样的海上运动。国际海员体委在世界40多个港口举办过运动周，比赛计分方法是以一条船的总分数为标准的。因此参加的人数越多，分数就越高。比赛除足球赛外还有游泳、体操、帆船赛等。

挪威有组织本国船队搞体育比赛的优良传统。在运动员不能登陆比赛的情况下，就在甲板上进行。1982年，"贝斯"号取得运动会的最佳成绩，其中仅游泳一项，54名船员中就有47人参加了一万米游泳比赛，还有几人游过4万米，等于横渡英吉利海峡。但这项比赛是在甲板上进行的，比赛用的游泳池只有8米长！这次还在甲板上进行了跑步和射击比赛，足球则在陆地比赛。船长安斯盖尔·艾德瓦尔森说："整条船都热闹非凡，这是我从事航海业33年来最快活的时候。"

海员运动会具有很大的流动性，运动员水平也不一定很高，他们的本领也不大为人所知。但是这种活动表明，要想以体育来焕发精神，并不一定需要多么高超的技巧和设备齐全的场地。曾获1982年度七海足球冠军的"达纳·福杜拉"号船上的杰出的运动员、厨师杰斯·尼尔森说："我们曾获得过七海足球赛的冠军，但是，推动我们参加比赛的，并不是为了去获得荣誉，而主要是使我们的身心得到锻炼！"

一次别具特色的运动会

1994年10月24—27日，阿姆斯特丹市举办了一次特别的世界性运动会，这就是由全荷华人联合会体育运动总会举办的首届世界华人运动会。这是一次世界华夏儿女的大聚会。来自中国、美国、加拿大、英国、比利时、德国、卢森堡、奥地利、挪威、瑞典、意大利、葡萄牙、西班牙、法国、匈牙利、澳大利亚、新加坡、泰国、菲律宾、马来西亚、香港、荷兰等国家和地区的华人体育代表团，总计约1500多人应邀参加。运动会包括室外足球、室内足球、排球、篮球、羽毛球、乒乓球、中国象棋、保龄球、武术共9项。这次运动会规模之大，范围之广，在世界华人体育史上是罕见的。海内外发给大会的贺信百余封。我国全国人民代表大会常务委员会副委员长程思远、林丽韫，国家体委主任伍绍祖、李梦华、何振梁等领导同志，以及国务院侨办、外交部领事司和广东、上海、福建、陕西、深圳、珠海、顺德等有关部门都为大会发出贺电。

中国体育代表团一行5人由林淑英同志率队前去祝贺并带去国家体委赠送的近百面彩旗和十几个景泰蓝"精神文明奖杯"。同时应邀赴会的还有北京元老篮球队、中国象棋队、广东顺德女子篮球队、广东惠州乒乓球队、河南侨办乒乓球队、深圳企业家代表团、上海电视台采访组。上海茉莉花艺术团，篮坛宿将李震中、蜚声海内外的"刘三姐"黄婉秋夫妇，总计派出120人庞大队伍参加这次华人体育盛会。

展示中华民族丰富的传统文化，促进东西方文化的交流是这次运动会的显著特色。

荷兰首都阿姆斯特丹是世界第二大港口。10月金秋，气候宜人，湖光山色迷人。10月24日华人体育盛会隆重开幕，开幕式上，驻荷兰大使吴建民致开幕词。在隆重的开幕式上，雄狮劲舞，巨龙奔腾、太极拳、醉拳、长拳、硬气功等表演出神入化，浓郁的民族文化氛围令人心醉。开幕式上的硬气功表演引起人们极大兴趣，中华武术气功的博大精深，令人们兴奋不已。

在舞狮、舞龙表演中，不仅有华人，还有白皮肤的欧洲人，黑皮肤的非洲人。特别是太极拳的表演，参加者大部分是高鼻子、蓝眼睛、白皮肤的男女。他们的表演娴熟而流畅，令人想到太极文化在世界广泛地传播。

运动会期间还组织参观著名钻石场、渔村、荷兰风车、海上堤坝、海牙国际法庭及鹿特丹岛，并举行了盛大的"体育之夜"华裔新秀卡拉OK大赛和联欢活动。整个运动会井然有序、丰富多彩，充分使运动和文化艺术相结合。在这方面可以说比正式世界性运动会特色更突出。

运动会以体育比赛为基本内容，又不拘泥于竞技之高低，充分体现"重在参与"的奥运精神。融健身、文艺、联谊于一体，这是首次世界华人盛会的一大特色。这是全荷华人联合体育运动总会，经过长年探索，具有划时代意义的一个创举。它对国际奥林匹克运动会的新时期改革也有参考意义。

这次盛会不仅为广大华侨华人所喜闻乐见并踊跃参与，也深受当地社会、政府的欢迎。阿姆斯特丹市长史丹迪说："这次盛会不仅仅对华人社会，就是对欧洲来说，也具有极为重要意义。举行各种具有中国传统的文化体育活动，可以毫不夸张地说'这是一个中国周'。"这次大会宣扬了中华文化、提高了华人地位、教育了华人后代，增进了中外之间的友谊。

虽吾身不全，唯吾志坚

我听不见他的声音，

也看不到你的面容。

我羡慕你

自由来去，健步而行。

不要说

我和你是这样的不同。

在肺腑深处，

我也有和你一样的心灵：

有幻想，有追求，

热爱人生。

却为什么

你冷漠地转过身去，

只留下你的背影？

这是一首在澳大利亚颇为流行的残疾人之歌。它深沉、感伤的情调，激荡着千百万人的心弦。

在现代社会中，由于疾病、工伤、交通事故等原因，残疾人的数目相当惊人。据联合国统计，全世界残疾人共有4.5亿左右，约占世界总人数的10%。其中先天有缺陷的约1亿，后天致残的有3亿多。残疾有聋、哑、盲或断肢、畸形等，给他们的生活带来了很多不便；再加上许多就业部门不愿意雇用他们，许多公共场所不考虑他们的特殊需要，使得他们经济地位低下，被排斥在社会生活之一隅。为了唤起公众对残疾人的关切，联合国曾规定1981年为国际残疾人年。自那时以来，很多国家的政府和民间团体积极采取措施，帮助残疾人解决生活中的特殊困难，使他们平等地、不受歧视地参加到经济、社会和政治生活中来。

残疾人并非残废，有些人把他们看成社会的包袱，这是非常错误的。他们中的大多数头脑清楚、智力健全。身体某些器官功能减弱或者丧失，并不影响其他器官发生作用；相反，由于能力的补偿作用，有些器官的功能还会得到加倍的发展。残疾人不仅需要人们照顾、协助，更需要人们关心、理解，给他们安排适当的工作，避其所短，扬其所长，这不仅有利于残疾人积极性、创造性地发挥，还会对人类社会的发展和进步起促进作用。特别是应积极开展残疾人体育运动，有其十分重要意义。

残疾人参与体育运动，起源于英国，得力于一位外科医生。第二次世界大战期间，英国医生格特曼在伦敦市郊的一家医院工作，这是瘫痪病的治疗中心。这位医生看到不少瘫痪病人悲观失望，非常苦闷，他决心通过体育活动使他们振奋起来。他对人们说："你们不要认为身残者只能在家里坐坐，吃吃喝喝，你们经过训练，在运动场上同样可以生龙活虎。"他的愿望变成了现实。1948年6月，他们举办了首次瘫痪病人运动会，尽管当时参加者只有16人，也只有射箭一个项目。但这一消息不胫而走，传闻遐迩，在身残者中引起了巨大的反响。从1952年起，在英国伦敦每年都要举行一次具有世界规模的国际身残者运动会。1960年，意大利在主办罗马奥运会，其后每4年举行一次。在荷兰举行第6届身残者奥运会。

身残者参加体育运动，不仅能促进康复，恢复某些功能，提高他们劳动和生活的能力，而且能医治他们心灵上的创伤，鼓舞他们生活的勇气，增强自尊心和自信心，克服自卑、孤独的心理状态。

哥伦比亚有位27岁的青年，原来是个电焊工人。1975年5月，在一次车祸中，他的双腿完全丧失了功能。起初，他思想很沉重，甚至对生活失去了信心。后来在一位医生的帮助下，加入了身残者俱乐部。在那里，他坚持锻炼，并于1976年第一次参加第3届全国双轮椅运动会，获得了800米和1500米冠军。不久，他去巴西参加第6届美洲运动会，取得100米和200米的第4名。他的眼界开阔了。他想，要提高运动成绩，除了更加刻苦锻炼外，还必须改进自己的双轮椅。经过两个月的辛勤劳动，终于制造了一把得心应手、灵便的双轮椅。在参加第4届全国身残者运动会上，他又一举打破了100米、800米和1500米的全国纪录。他对生活充满了信心。

1979年8月，在英国朴次茅斯举行了一次异乎寻常的奥林匹克运动会，200名运动员都是14—40岁的肾移植病人。这些存活1年至8年的肾移植病人参加运动会，并不是为了打破纪录，而是表明他们可以恢复正常，并显示人的坚强意志和强大的生命力。同时，也为肾移植做宣传，引起社会的关注，说服运动会的观众自愿成为供肾者，一旦本人病故后可以献肾，供患尿毒症的病人续命之用。在这次运动会上一共征集了5000多张签了名的供肾者卡片。他们就是通过自己的体育活动来赢得社会上的广泛同情、支持和赞助。

20世纪90年代还召开了世界第一届盲人马拉松赛，在人的感官中，眼睛是最重要的。一个人丧失了视力，衣、食、住、行都只能在黑暗中摸索。维持生活尚且困难，参加体育比赛岂不更是天方夜谭？然而，在日本南部城市宫崎举行了第一届世界盲人马拉松比赛。参赛的运动员共有300余人，其中来自日本的有260多人，其他几十人来自亚洲、大洋洲、欧洲和南北美洲的22个国家。另有伴赛人员300多人，根据规定，每位参赛者可有一名伴赛人员伴跑。比赛共分四个项目：5公里、10公里、半程马拉松和全程马拉松。运动员按年龄和视力状况分成许多组。尽管天气不好，下着大雨，但盲人运动员克服重重困难，使比赛取得了成功。在全程马拉松赛中，男子组的英国人史蒂夫·布兰特以2小时34分29秒的成绩一举夺魁；女子的纪录为3小时19分52秒，是来自新西兰的凯特·黑德创下的。许多人都超过了他们平时的成绩。

发展残疾人体育运动是一项对社会有益的人道主义事业。过去曾有一些盲人参加过常规马拉松赛，但专为盲人举办的国际马拉松赛至今只有三次，前两次分别在1988年和1992年举行的残疾人奥运会上，在宫崎举行的这次比赛被定为第一届世界盲人马拉松赛。

参加过马拉松赛的盲人运动员都很激动，有的说朋友圈扩大了，有的说有了更多外出的机会，有的说生活有了目标，有的说度过了许多快乐的时光。确实，参加这样的比赛不仅增进了盲人的身体健康，而且有助于增强他们在生活中战胜困难的信心和毅力。

残疾人不但可以参加马拉松，而且可以参加骑马、摔跤、划船、跳舞、球类等多项运动。

信鸽盛会

1990年8月27日早上8时，第11届亚运会点火炬仪式，将在北京天安门广场隆重举行。届时，将放飞约 6 万羽亚运信鸽。紧接着，9 月 22 日下午 4 时，亚运会开幕式上，又将放飞象征第 11 届亚运会的 1.1 万羽亚运信鸽。

在运动会上放飞信鸽，始于公元前 776—393 年。当时，人们利用鸽子作为通信工具，把比赛优胜者的消息，传向四面八方。以后，历届奥运会、亚运会上都有放飞活动，其规模之大，数量之多，信鸽水平之高，不仅在我国信鸽放飞史上是空前的，而且远远超过历届奥运会、亚运会，打破了 1989 年巴塞罗那国际信鸽大赛上放飞 25502 羽的世界纪录。

早在 1988 年，亚运会组委会即把信鸽放飞作为亚运会上象征吉祥、美好、和平的一项重要活动内容，为此成立了亚运信鸽大赛组委会。大赛组委会规定，参加亚运放飞活动的鸽子，必须是专为亚运会孵育的，带有亚运足环、放飞超过 500 公里的亚运信鸽。同时规定，以北京天安门广场为中心，空中直线距离在 1000 公里以内的浙江、江苏、安徽、湖北、陕西、甘肃、宁夏、内蒙古、黑龙江、吉林、上海 11 个省、市、自治区及火车头体协的中国信鸽协会会员，可选送优良的亚运信鸽，参加天安门广场点火炬仪式的定点放飞。其他省、市会员，均可参加亚运会期间自选点放飞比赛。这样，每一个信鸽协会会员都有为亚运会做贡献的机会。

1990 年 10 月，在北京隆重举行亚运信鸽大宗品评发奖大会，全国各省、市、自治区和火车头体协等信鸽协会放飞的第一名，作为当然代表进京参加大会，并从归巢鸽中选送雌、雄各一羽进京参加品评（鸽子选美）。"亚运信鸽放飞活动，是一项繁杂、细致、通力合作的系统工程。参加点火炬放飞的 6 万羽鸽子，从报名到集鸽，从运鸽到放飞，以及信鸽归巢后的报到，要经过数十道手续，上千人之手，要公安、交通、环卫等诸多部门，通力合作才能完成。"

仅集鸽、运鸽，工作人员须逐一将每羽鸽子足环号码登记好，并在鸽翼上加盖暗记，然后装笼、铅封笼口，装车运往火车站……

养鸽人都知道，鸽子不怕饿，就怕渴和闷，水是鸽子的"命根子"。8月正值北京高温季节，火车车厢温度高达40℃。一路上，运鸽人员要不停地喂食、喂水，观察每一羽鸽子，同时还要不停地翻笼，通风换气，不时地往车厢两头加冰块降温。

参赛的信鸽如同运动员一样，赛前集训异常紧张。为了让这些"运动员"适应可能出现的各种情况，从1990年年初起，北京及各省、市信鸽协会，分别组织了数十次亚运信鸽训放活动，力争做到万无一失，绝不允许汉城奥运会点火炬时，数羽鸽子落在点火台被烧死的情景在中国出现。

运鸽是艰辛的，接鸽也并不轻松。从清点每羽鸽子，到办理"出站手续"，以及安排食宿等均不能出差错。"北京市信鸽"协会，已备好了20辆接鸽子的卡车和2000个鸽笼子，以及1500公斤玉米、麦子、绿豆、高粱、豌豆等饲料，真是队伍未动，粮草先行。8月20日将6万羽亚运信鸽集中到北京东单体育场过夜。8月22日凌晨，半夜时将全部鸽子运往北京天安门广场人民英雄纪念碑两侧，整装待发。当第十一届亚运会火炬点燃的那个时刻，6万羽亚运信鸽，将铺天盖地交织在天安门广场上空，飞向各地。这真是千载难逢的信鸽盛会。

鸽子玩玩容易，养好难。它是一项集遗传、饲养、营养、天文、地理、气象等多种学科的学问。就拿这次亚运信鸽来说，从选择它的父母，优生、优育，到训养、训翔，真是费尽心机。一年多来，每星期给它洗2—3次澡，每天打扫2次鸽舍，喂的是2.60元一公斤的麻子等上乘饲料，大赛期间还要加点蜂王浆、刺五加等营养补剂。光靠吃还不行。一有空，便骑车数十公里，进行训翔。养鸽人的确面很广，上至将军，下至平民百姓，七十二行，行行皆有。凡是因鸽子打架斗殴，搞不好邻里团结的，是养不出好赛鸽的。

在古代，信鸽是一种传递信息的交通工具。今天，它在这方面的作用已经不需要了。养鸽子已成为一项高尚的体育文化活动，它除了能帮助人们学习多种科学知识外，也能磨炼人的性格。

失业者奥运会

美国当地时间2009年3月31日下午，40多个失业者聚到纽约曼哈顿的一个公园，举办了一个特别的运动会。为泄愤无门的失业者提供"良机"，让他们通过游戏暂时摆脱失业阴霾和就业压力。从而举办的"失业者奥运会"。

这场别开生面的"奥运会"2009年3月31日在曼哈顿区汤普金斯广场公园拉开帷幕，为困难时期带来一抹亮色。比赛项目包括"责怪老板""投掷办公室电话"和"你被解雇了比赛"。

"责怪老板"项目与"贴鼻子"异曲同工：参赛选手首先用帽檐遮住眼睛，原地转几圈后，走到纸板前，用图钉"戳"画在上面的"老板"。如果没能找准位置，选手们就可能把图钉戳在其他图标上，这些图标代表了当下热门词汇：战争、利率可调房贷、消费者花费、美联储和经济。

在另一个项目"投掷办公室电话"中，选手要准确地把一个黑色电话投掷到地上的粉笔标记中。

参赛者们使出浑身解数，力争获胜，以赢得商家和餐厅提供的礼券。一群学生到场为他们加油助威。

失业的计算机编程师尼克·戈达德发起并组织这一失业者"盛事"，组织比赛的成本很低，只需一些纸板、儿童颜料和粉笔。参加比赛的门槛也很低，只要是失业者就可以。

公园里临时建起报名点，报名点外的纸板上用绿色颜料醒目地写着"失业办公室"。失业者在"办公室"外排队，只需出示失业证明就能参赛，最终选手数量超过30人。

尼克·麦格林是选手之一，现年26岁，2008年11月失去工作。他说，失业后，他一直在因特网上找工作，除了更新博客没别的事可干。因此，听闻这一活动后他非常激动。

参加运动会的大部分人拥有本科、研究生学历，之前是曼哈顿的白领，年龄从23岁到61岁不等。其中23岁的运动员刚刚找到第一份工作就被辞了，61岁的老太太将自己纺织品工厂倒闭的原因怪罪为外国廉价产品的涌入。运动员的平均失业时间是4个月，大部分都是孤身一人参加运动会。

戈达德说，举办"失业奥运会"是为了缓解压力，让失业者重现笑颜。现场欢乐的气氛如戈达德所愿感染了不少失业者。

玛丽亚·塔皮亚曾是一名财务主管私人助理，自从失业后，焦虑也随之而来，但比赛帮助她找回欢笑。

"直到失业我才明白我是多么需要工作，"塔皮亚说，"不过至少在这些简单的游戏中，人们能乐观以对。"

戈达德说，"让失业者为失业'激动'就是这次活动的目的"。

不少参赛者希望通过比赛扩大自己的人际圈子。他们说，人们永远也无法预测会遇到什么人，永远也不会知道下一份工作来自何处。

虽然处境很惨，但是运动会上的气氛非常热烈，运动员们呼喊、加油、鼓掌，好不热闹。当进行到"发薪日的欢呼"项目时，运动员们都没有丝毫尴尬。"责任在老板"比赛中，巨大的海报上画着8个"让我们失业的罪魁祸首"的讽刺画，一名被蒙上眼睛的运动员将手中的图钉钉在了"联邦政府"的身上。"扔电话"比赛吸引了很多人驻足观看，运动员将手中的电话当成是公司的电话，比赛谁能扔最远。

优胜者的奖品是当地餐厅和酒吧的消费券，这是戈达德想尽办法拉来的赞助商。与会者还相互交换了名片，顺便抱怨自己银行账户只剩下很少的钱。

这个"奥运会"虽然很山寨，但是签到处、领奖台都样样不少，甚至还有主题歌，演唱者还是一名来自中国的留学生。

张静今年30岁，她是来自中国的留学生。在得知了这个"失业者奥运会"之后，她带着看好奇的心情来到这里，准备把这有趣的一幕用摄像机拍摄下来。当尼克得知她是一名女高音歌手后，要求她为大家演唱一首"主题歌"。张静想了想，选择了意大利作曲家普契尼的歌剧《强尼·史基基》中的咏叹调《我亲爱的爸爸》。这首咏叹调原本就是讲一个女孩找父亲给她买戒指结婚，而这里更可以理解成失业者找父亲要钱付房租。

量体裁衣制定奥运标准

1932年盛夏，"天使之城"洛杉矶迎来了第十届奥林匹克运动会。52年后的1984年，又举办了第二次洛杉矶奥运会，只有三个城市有幸主办过两次夏季奥运会，洛杉矶是其中之一，另两个城市是巴黎（1900年、1924年）和伦敦（1908年、1948年）。洛杉矶是美国西海岸加利福尼亚州最大城市，它地域广阔，有著名的长滩港，驰名全球的"影都"——好莱坞就在该市的郊区。

美国是历届奥运会最大的胜家，尽管1904年圣路易奥运会并不成功，但美国人决心组织一次精彩的世界运动会，以向世界表明，他们不仅有一流运动员，也能主办一流的运动会。

为了进行本届奥运会的主要比赛，美国建筑师帕金森兄弟设计了典雅、古朴的"罗马大圆形演技场"即纪念运动场。该场看台美观宏伟、可容105000观众，场内有一个周长400米高质量跑道。人们可以看到，在高大门楼上方，用英文写着顾拜旦那句名言"参加比获胜更重要"。

人们把这次奥运会誉为"创纪录的世界运动会"，因为运动员们在本届打破多项纪录：田径有12项世界纪录被改写，24项奥运会纪录被刷新。仅此就足以证明本届奥运会成功。除此，本届奥运会在走向规范化道路上迈出了可喜的具有历史意义的一步：

从本届起，奥运会不再拖拉成几个月，而是集中于两周左右时间进行完毕。

首次建立了奥林匹克村，即选手村。奥林匹克村在两个月内建成，为运动员食宿、训练和比赛提供了方便条件。

本届奥运会在发奖仪式上有新变化，只要有可能就在比赛结束时立即发奖并举行升旗仪式。

本届奥运会第一次提供了赛前世界范围的新闻服务，这在奥运史上是一个创举，并有深远意义。因为体育竞技的社会效果，经过新闻信息媒体运作后如虎添翼。采访奥运会记者成千上万，有时并不比运动员少。

本届奥运会的风云人物当数美国女子田径运动员迪德里克森，她曾参加美国选拔赛10项比赛中8项，并赢得6项，但因为每人只能参加3项奥运会比赛，她最终选择了跨栏、标枪和跳高。在这次奥运会上，她再次确立了自己"田径女皇"的地位。7月31日，她先以43.69米成绩获标枪冠军，打破奥运纪录；8月4日，她又以11秒7的世界纪录夺得第2枚金牌，成为80栏奥运冠军；8月7日，她虽然与队友希莉一样，都跳过1.65米，双双打破女子跳高世界纪录，但裁判却以她跳高采用"下潜滚式"不合法为由判希莉第一。这样，她在本届奥运会共获3枚奖牌（2金1银）。可惜这位全面发展的田径女杰，此后就告别了田坛。在后来的年代里，她只打高尔夫球，并成了世界女子高尔夫球最佳选手。

获得女子跳高比赛金牌和银牌的两位美国姑娘希莉和迪德里克森，在奥运会后她们把两块奖牌对半切开又对接成两枚半金半银的奖牌，这再次生动说明了奥林匹克运动有益于人类的精神文明。当问及她如何评价自己在奥运上表现时，她不无得意地说："我打败了眼前所有对手，我还会继续这么做，我能干任何事情。"

她确实能做到。奥运会后她参加了一些轻歌剧演出，剧中她有时吹口琴，有时边走边唱。她曾帮助过一支名为"戴维之家"的棒球队，还随另一支以她的名字命名的篮球队一起巡回表演。她受美国人的崇拜，认为她具有"最完美的肌肉力量以及当今之世难得一见的脑力和体力上完美统一"。

本届奥运会另一位新闻人物当数波兰的库索辛斯基，他从芬兰手中夺走了10000米跑金牌。开赛不久，他因跑鞋夹脚，跑起来很不得劲，到后来，每跑一步都感到钻心疼痛，他硬着凭着顽强意志跑完全程并夺得桂冠。赛后他的鞋袜被血肉粘住，无法脱下来。二战爆发后他上了前线，后在华沙从事地下工作，1940年被德国法西斯杀害。为了纪念这位杰出的运动员和反法西斯志士，波兰每年举办一次"库索辛斯基国际田径赛"。

在游泳比赛中，日本队几乎独霸天下，夺得男子6个项目中的5金4银。在4×200米自由泳接力赛中，日本队以9分36秒0优异成绩打破原来9分56秒4的世界纪录。这一奇迹使在场的美国裁判呆若木鸡，以为自己的秒表出了毛病。第二天，连一些对日本不甚友好的美国报纸都在头版显著地位套红刊登"美国游泳队惨败"这样的大字标题。

美国女队获5个游泳项目中4项冠军。18岁美国姑娘霍姆，以1分19秒4获女子100米仰泳金牌。霍姆姿容超群，后来成了好莱坞影星。4年后霍姆因私生活方面丑闻，当时参加奥运会领队布伦戴奇不得不做出决定：

不让霍姆参加柏林奥运会。

刘长春肩负着4亿5千万中国同胞的期望，来到洛杉矶。可惜他在25天的海上之行后立即比赛，未能发挥应有水平。但他的奥运之行，无疑是对正处于动荡不安之中的中国人民极大鼓舞。

第11届奥运会

1936年8月1日至16日，德国柏林市，来自49个国家的3738名男选手和238名女选手参赛。政府花费了惊人的3千万美元举办这次盛会。

希特勒决定将柏林奥运会变成某种宣传工具，用它展示自己的纳粹种族和工业技术的优势；同时也给世人造成假象，认为他是热爱和平的。纳粹分子为不能亲临现场的人们装上闭路电视，开设了联通41个国家的电台网络，并引进了电传设备来传送新闻报道和Zeppelim服务网来传送新闻照片。其中不可告人的秘密是奥运会期间接纳3700名男选手的奥运村当初设计时就已考虑到会后立即将它转变成军事设施。

纳粹党徒为了宣传德国的"繁荣与昌盛"，为了在世界各国人民面前改变形象，印发了大量宣传材料。同时在柏林新建了一座由马尔赫教授和他弟弟设计的奥林匹克运动场，这个大运动场无论从建筑艺术或运动竞技需要角度来看，均属杰作。场内可容纳10万观众。围绕体育场周围还修建了纪念碑，每块纪念碑都刻有上一届奥运地点、时间和各项冠军名字。在体育场旁边还修起一座耗铜16吨铸造而成的巨塔，塔高70米，命名为"希特勒钟塔"，钟的外沿刻上了"我号召全世界青年"的德文，其用意很明显，就是为希特勒扩大影响。

　　尽管柏林奥运会的物质准备是无可挑剔，但纳粹的种族歧视和扩张主义不得人心。

　　7月的柏林，到处都感觉到奥运会气氛。五环旗飘扬在大街小巷，与奥林匹克会旗同时出现的还有纳粹德国的旗。在这届奥运会上，正式规定了奥运期间要燃烧奥运圣火。7月20日在奥林匹亚举行隆重的点火仪式，由12名身着希腊民族服装少女，在典雅的乐曲声中用聚光镜点燃了火种，顾拜旦亲临会场发表演讲，然后由接力队员手持火炬每人跑1公里开始火炬接力，火炬经雅典、保加利亚、南斯拉夫、匈牙利、奥地利、捷克斯洛伐克，于8月1日零时到柏林。全程3075公里。参加接力选手3075人。

　　为了迎接圣火的到达，柏林市上万民众在7月30日守候路旁。凌晨，近千名火炬接力队员在一片欢呼声中高举奥运会火炬向前奔跑，近千只火炬仿佛一条火龙照亮了夜空，景象十分壮观。

　　8月1日柏林奥运会正式开幕，首先是希特勒宣布开幕，之后"希特勒钟塔"上响起了洪亮钟声，插着五环旗和德国令旗的"兴登堡"号飞船在体育场上空盘旋。由3000名合唱队员组成的合唱队在世界音乐大师理查·施特劳斯指挥下唱起了奥运会歌。最后由民族英雄，雅典奥运会马拉松冠军斯皮里东·路易斯身穿民族服装，手持一支奥林匹亚山上折来的橄榄枝来到希特勒面前，他说："我将这根象征着仁爱与和平的橄榄枝交给您，我们希望各国人民永远只参加这种和平竞争。"盛大的开幕式结束了。

　　杰西·欧文斯的到来，给阴云密布的柏林奥运会带来光明和希望。他在柏林取得了100米、200米、4×100米、跳远四枚金牌。尽管希特勒本人从未与这位黑人明星握手，但大多数德国人很友好，一时间成为柏林街头巷尾谈论的中心人物，新闻界甚至将本届奥运会誉为"欧文斯奥运会"。

　　女子田径比赛唯一获两枚金牌的是美国运动员史蒂芬斯，这位18岁的美国姑娘身高1.80米，强壮有力。史蒂芬自己说，她之所以跑得快是"靠追兔子练出来的"。人们说，她的100米优势比欧文斯在男子100米中优势更明显。

　　韩国选手孙基祯获得马拉松冠军，这是亚洲人第一次夺得长跑项目冠军。几万观众不停地鼓掌，表示对这位来自亚洲"铁人"的敬佩。在领奖时，因当时韩国是日本殖民地，当听到奏日本国歌时，内心感到一种无法忍受的苦楚，他低垂着头。用奖给冠军的一盆月桂树挡着运动衣胸前日本国旗，之后，他愤怒地撕毁了日本队队服。

　　韩国的《东亚日报》刊出孙基祯领奖照片，但把身边的太阳旗涂掉，日本统治者因此将8名涉案者投进监狱。直到韩国独立后，这枚金牌国籍才更正为韩国。52年后汉城奥运会开幕式上，孙基祯手持圣火跑入会场。他的眼中充满骄傲和泪水。

　　这届奥运会上，中国也派出了较大型的代表团参加。由外交部长王正延领队，沈嗣良为总干事，马约翰先生为总教练，运动员共69名。在比赛中，除了撑竿跳选手符保卢取得复赛权之外，其他各项比赛均在预赛中被淘汰。柏林奥运会8月16日闭幕。这届奥运会竞技水平达到一个新高峰，共创下40项世界纪录和数以百计奥运纪录。而另一方面纳粹的政治喧嚣和种族主义气氛又始终笼罩着柏林奥运会，就像一首美妙动听的旋律中总是夹杂着刺耳的音符，构成了一首不和谐的曲调。

踏入奥运赛场的中国第一人

　　奥林匹克的跑道，伸展了近百年，它恰如一幅绵长的历史画卷，斑斑点点，或浓或淡，无声地诉说着中国人民无数的辛酸和屈辱，梦想和光荣。

在世界面前，旧中国展示的不仅是体育凋敝、体质羸弱，更是体育精神的萎缩。然而，中华民族从来不乏有识之士，不乏为民族振兴而奋起抗争的人。刘长春就是其中一个。

第一个参加奥运会的中国运动员是谁？有人说，是神枪手许海峰，他为中华民族在奥运会上实现零的突破。不，中国第一个参加奥运会的运动员不是许海峰，而是1932年的辽宁短跑名将刘长春。

1896年10月17日，《宇林西报》载："夫中国——东方之病夫也。其麻木不仁久矣。"从这天起，"东亚病夫"的辱称便降临在国人头上。五千年文明史蒙垢受侮，强身健体备受轻蔑。1929年10月，血气方刚的东北边防司令张学良，为了振兴中国体育事业，特地邀请日本、德国的一流选手到沈阳，参加中、日、德体育运动会。

张学良破费25万元，在沈阳北陵修建一所配有钢筋水泥看台的运动场，可容纳三万人。他还在德国特制了镶有他头像的怀表以奖励运动员。在此一年前，中日两国运动员曾在中日国际运动会上交锋过，中国选手没有一位能同日本抗争，所有项目冠军全被日本夺走，败得很惨。耻辱啊，耻辱！这一次中、日、德运动会日本派了国家队，中国选手会不会再一次惨败在日本人手下？德国队实力更是雄厚，曾荣获第九届奥运会第二名。

坐在主席台上的张学良微笑着，殷切地望着刘长春，他是中国大地升起的一颗明星。半个月前，在东北大学运动场举行的14届华北运动会上，刘长春一鸣惊人，创造了百米短跑10秒8的全国最高纪录，轰动了中华体育界。

刘长春自幼爱国，争强好胜，一心想在体育运动上搞点名堂，以求压倒日本人，为中国人争口气。14岁时，在关东州主办的中日小学田径对抗赛中，他成了场内头号新闻人物。百米跑11秒8，四百米59秒，非常开心地把日本学生远远地抛在后面。1927年，在大连青年会主办的春季运动会上，又成了万众瞩目的人物，百米短跑已达11秒。不久，这颗新星被东北大学体育系录取，一系列正式训练，刘长春如虎添翼，国内各场比赛，所向无敌。在一次东北大学同俄侨运动员进行4×400米接力对抗比赛时，刘长春接第四棒时落后70米，万没想到场上会出现奇迹。刘长春像一只开弓的箭，眨眼工夫就追上俄国选手，终点冲线时，刘长春反而领先10多米，在场的中国观众欢呼雀跃，扬眉吐气。俄国裁判好一阵子呆愣，然后才向刘长春伸出大拇指表示祝贺。

中、日、德运动会开始了，张学良主持了隆重开幕式。各种竞赛项目相继展开，百米短跑的场面最引人注目。

刘长春在100米和200米短跑中力克群雄，取得100米10秒6，200米21秒6的好成绩，成为远东第一飞人。日本的冈健次和今井等好手都落在他的后面，仅以一码之差屈居第二名。张学良为获得这样好成绩非常高兴，当即决定每月发给刘长春30元钱补助费。

1928年，第九届奥运会在荷兰阿姆斯特丹市举行，中华全国体育协会尽了最大努力才派一人作为观礼员去参加。原因是体协没钱，国民党政府不理睬这件事。

一晃又是4年，1932年，第10届奥运会将在美国洛杉矶举行，中华全国体协很想派运动员参加，很早就向国民党政府申请支持。千盼万盼，盼到5月下旬，教育部却以时间仓促、准备不足为由，正式宣布不派遣运动员参加运动会。正在这时，报纸上传出消息，日本帝国主义企图把它一手造成的傀儡"满洲国"送上国际舞台，骗取承认，决定遣派刘长春、于希渭二人作为满洲国选手出席奥运会参加比赛。而且又有消息说，奥运会组织委员会已经接受"满洲国"参加奥运会申请。这些消息立刻引起全国各界的愤怒。对日寇怀有刻骨之仇的刘长春会屈膝为"满洲国"效力吗？

东北三省沦陷后，日伪就盯住刘长春，"九·一八"事变后的第三天，伪满警察派出所将刘长春传去询问："你今后去向何处？有何打算？"

刘长春忐忑不安地说："我只想在家静静心。"

刘长春回到家中，越想越恐惧，当夜设法凑资70元，第二天便乘船赴天津，并立即赶到东北大学设在北京的临时集结点。刘长春的父亲害怕日本人迫害，举家搬到60公里外旅顺口居住。谁知1932年2—3月间日伪当局两次找上门，许诺要刘长春回大连给"满洲国"体育部最大官做。

身受流亡之苦的刘长春对日伪恨之入骨，不为日伪的利诱和威胁所动，毅然于1932年5月初在《大公报》上发表声明："苟余之良心尚存，热血尚流，又岂能忘掉祖国，而为傀儡做牛马。"他坚决拒绝代表伪满洲国出席十届奥运会，给了日伪当头一棒。

刘长春的声明引起强烈反响，国人纷纷喝彩支持。也有许多人建议，我国为何不自己派刘长春、于溪渭二人作为中国队员参加奥运会呢？这样岂不是对日本帝国主义阴谋的一个有力回击。

中华全国体协支持这个建议，并为此发表谈话。东北大学体育系负责人找张学良资助。张学良当即表示捐助刘长春八千元，并在1932年7月1日在东北大学毕业典礼上宣布刘长春、于溪渭为运动员，宋群复为教练员代表中国参加十届奥运会。

1932年7月8日，天气格外晴朗，黄浦江畔新关码头聚集着几千名欢送中国体育代表团的人群。美国威尔逊总统号海轮上挂满了彩色纸条，场面隆重壮观。

9时半，刘长春在郝更生（东北大学体育系主任）、宋君复陪同下来到码头。刘长春身穿法兰绒上衣，左胸绣着中国国徽，下穿白色哔叽裤子，显得十分潇洒俊美。他面带笑容地不断向群众招手致意。经过简短的授旗仪式，10时整，汽笛拉响，海轮徐徐离岸……

当天一家报纸刊出一幅漫画，画中关羽捋须乘一小舟手持单刀赴会。

泱泱四万万之众，选手只一人乎？

刘长春与宋君复（于溪渭因日伪阻止而未成行）二人住在头等舱131

号，船上狭窄很难跑步或训练。没有多久刘长春收到一封日本体协发来的电报，刘长春拆开来看，电文如下：威尔逊总统号，满洲国奥林匹克选手队：敬祝一路顺风，佳运常临，愿诸君大获胜利。

刘长春二人气得满脸通红，立刻把电报退回船上的电报员："船上没有满洲国代表，请退回日本，并签字收据退还给我。"

经过25天海上航行之后，7月29日下午4时，刘长春抵达洛杉矶码头。

7月30日，全球瞩目的第十届奥运会开幕。

50多个国家的国旗在洛杉矶体育场四周迎风飘扬。观众10.5万人，密密麻麻坐满体育场。

在军乐队的引导下，两千名各国代表及选手入场，并在跑道上绕行一圈。希腊国民是大会的创始者，排在第一队，其余按国名第一个字母的顺序排列。最后出场的是气势最为壮观的东道主美国队，200名美国选手组成一个大方阵，雄赳赳气昂昂地经过主席台。

排在第8位的中国队一出场，立刻引起观众强烈关注，他们怎么也不相信，眼前通过的由六个人组成的寒酸队伍竟是中国代表队！可是观众们还不知道，这六个人的队伍还是临时拼凑的：刘长春手执国旗走在前面，沈嗣良全国体育协进会总干事，继之，随后四名代表即宋君复（教练）、刘雪松（中国留美学生）、申国权（华权、某校教授）、托平（上海西青体育主任、美国籍）。"鸟无声兮山寂寂，夜正长兮风淅淅"，这就是旧中国体育事业的写照。

7月31日是刘长春终生难忘的日子。

下午3点百米短跑预赛开始了，刘长春在自己的位置上站好，扫视了一下两边选手，大都是世界名将。

"各就各位——"发令员举起了发令枪。刘长春做好了起跑姿势，浑身蓄足了劲。

"叭！"几乎是和枪声同时，刘长春像子弹一样飞出起跑线。20米过去，刘长春一马当先。50米跑过，刘长春仍保持微弱的优势。

可是跑过60米，一位黑人选手超过他，跑到70米，又有一位黑旋风超到他前面……80米时，刘长春已退居第五，直到最后冲刺仍未能改变局面。11秒，竟是11秒，远不如在国内的成绩。刘长春遗憾地拍了拍大腿，要不是20几天在海上颠簸，无法训练；要不是一来就比赛，何落到这般天地！

8月2日，刘长春又参加200米预赛，同100米赛一样，他位居第四。

第十届奥运会结束了，单刀赴会的刘长春带着一颗沉重的心回到了祖国。

等待刘长春的是什么呢？不是振兴，不是希望。国土沦丧，山河破碎，斑斑血泪，洒向西风，哪里有中国体育生存发展的土壤。当时美国报纸说："随着刘长春在第10届奥运会短跑预赛中被淘汰，整个中国都被淘汰了。"

刘长春痛心疾首，但只能望天长叹！

奥运史上的"弱冠头牌"

1936年，在纽约的一个游泳池，奥运会跳水选拔赛正在进行。参加选拔者近百人，竞争十分激烈，参观的人不时的发出喝彩声。运动员中有一位加利福尼亚的小姑娘，她身材匀称、皮肤白皙，浅黄色的头发，美丽的面庞引起人们的注目。姑娘年仅13岁，名叫马乔里·詹斯特林格。没想到这位年龄最小的运动员竟在众多的运动员中成绩突出，排名第2，入选了美国跳水代表队。

当年8月，詹斯特格林奔赴柏林参加她最向往的盛会——第11届奥运会。跳水决赛开始了。自从1912年第5届奥运会开始，每届都有女子跳水比赛，都有男女跳板和跳台跳水项目。詹斯特格林参加女子跳板跳水比赛，她站在3米跳板上，全神贯注，张开手臂又轻轻收回、跳起，随即做出"反身翻腾一周半"垂直入水，像根笔直钢针落入水中，水面溅起小小水花，场上立即爆发出雷鸣般掌声。此时记分牌上出现的成绩告诉人们，13岁的詹斯特格林得分超过1932年奥运会跳水冠军波因顿·希尔，名列榜首，成了奥运会冠军。从那以后直到如今，詹斯特格林一直是奥运会史上最年轻的冠军。詹斯特格林从小就喜爱体育，9岁时她就羡慕1920年奥运会游泳3块金牌获得者布雷布特。布雷布特这位小姑娘16岁曾患小儿麻痹症，造成脊柱弯曲后果，然而她敢于向命运挑战，不久经过游泳锻炼，竟成了游泳世界冠军。詹斯特格林向妈妈说："我也要当布雷布特。"可是她妈妈希望女儿学会弹钢琴。妈妈要求她："假如你1小时游泳或跳水，就必须弹1小时钢琴。"女儿答应了。并且做到了学跳水和学钢琴双丰收。她妈妈看到女儿酷爱跳水，也就全力支持她，满足她的所有要求，为她以后成为奥运会冠军创造了条件。为她聘邀了当时著名跳水教练弗雷德，开始了正规、系统的训练。

詹斯特格林不仅是一位天赋的运动员，而且她有远大的抱负。她说："假如我想做这件事，我就能做到，为了获金牌我会百倍努力去争取。"她不仅夺得奥运会金牌，她还获得1937年和1938年室内和室外比赛冠军。而且1939年她赢得美国室内跳台冠军桂冠。我们知道，跳水比赛分跳板跳水和跳台跳水。跳台跳水高度分为10米、7.5米和5米，跳板跳水高度分3米和1米。她当时既获得跳板冠军又获得跳台冠军是十分不易的。可以说她是位十分全面的运动员。

正当这位姑娘才华横溢的时刻，第二次世界大战爆发了。成千上万的美国人都争着为前线战士服务。当时，正在桑福德大学学习的詹斯特格林自愿参加了学校安排的为战士表演跳水活动。她自己制作了一个木梯子和一个用集装箱垒成的高台子用来做跳水表演。她想为战士们表演"向前翻腾一周半"这个难度较大的动作。这位奥运冠军登上自制木梯出现在观众面前，人们向她热烈鼓掌欢呼。可是就在她到顶部时，手没抓牢，她竟从30米高台上掉下来。

　　非常凑巧，摔下来的詹斯特格林正好落在一艘划艇上，经医生抢救，詹斯特格林虽然没有生命危险。但脊椎骨却受了伤。这给了她很大打击，在养病期间她想到她所崇拜的布雷布特，她从布雷布特顽强向疾病斗争的事迹获得继续前进的勇气。战后，詹斯特格林试图参加1948年奥运会并做出极艰苦的努力，虽然参加奥运会未能如愿，但她顽强拼搏精神，受到美国人民的高度评价。虽然她不能再在碧水蓝天之间拼搏，虽然她不能再作为运动员站在高高的跳台上，但还可以当教练，于是她以桑福德大学为基地，为国家培养跳水人才贡献力量。她说："并不是任何人都能轻而易举地成为一名优秀运动员，但无论是谁，只要他有伟大目标，并为实现这一目标而经受磨炼，以苦为乐，最终他总能达到目的。"

奥运精神的榜样力量

　　"奥林匹克主义是将身心和精神方面的各种品质均衡地结合起来，并使之得到提高的一种人生哲学。它将体育运动与文化和教育融为一体。奥林匹克主义所要开创的人生道路，是以奋斗中所体验到的乐趣、优秀榜样的教育作用和对一般伦理基本原则的尊重为基础的。"这是写在奥林匹克宪章上奥林匹克精神的定义。在奥运发展史上，能够充分体现这种奥运精神的运动员有许多人，现仅介绍下面以下几个代表：

1936年柏林奥运会中美国选手杰西·欧文斯似乎可以稳夺跳远冠军。在前一年，他曾经跳出8.13米的好成绩，创造了后来保持25年的世界纪录。欧文斯走向跳远沙坑时，看到一位身材高大、金发碧眼的德国选手在练习，每次都跳到8米左右成绩。欧文斯有点紧张不安。欧文斯第一次试跳时，不慎冲过了起跳板几厘米才起跳，被判试跳失败。欧文斯心里更加紧张，结果第2次试跳又失败。他再犯一次规就要被淘汰。

这时那个高大的德国人上前自我介绍，说他叫卢茨朗格。"你闭着眼睛跳都能进入决赛的！"他对欧文说。朗格建议：既然只需跳过7.15米，就能通过及格赛。何不在起跳板前几厘米处做个记号，然后从那里起跳，以策万全。欧文斯照办了，轻易地取得决赛权。

决赛时，欧文斯创造了奥运跳远纪录。最先向他祝贺的是朗格，而且这位白种人运动员当着希特勒的面，向这位黑人祝贺。

欧文斯后来再没见过朗格，朗格在第二次世界大战时阵亡了。"把所有的奖牌和奖杯熔掉，也不够制造我对朗格的纯金友情的镀层"，欧文斯曾这样写道。

1910年，日本吞并朝鲜为殖民地，竭力要消灭朝鲜文化，朝鲜人只有很少方面能与他们所鄙视的日本人竞争，跑步是其中之一。

年轻的朝鲜长跑运动员孙基祯在裤袋装沙，背上负石，在鸭绿江畔苦练。1936年，孙基祯在奥运选拔赛中压倒了日本对手，日本人无可奈何，只好选他到柏林。

日本人为他取了一个日本姓名，然而，他在报到时写的却是他的朝鲜文姓名。

孙基祯以破纪录的时间赢得马拉松冠军。日本旗在颁奖仪式上升起时，孙基祯把头低垂，表示抗议。

他真正高兴的时刻，于1988年奥运会开幕式来临。76岁的孙基祯高举奥运火炬，跑入会场，汉城体育馆里人人热泪盈眶，他兴奋地向上跃起，他为他的祖国欢呼。

1964年，意大利的欧金尼奥·蒙提和肖佩斯是双人雪撬赛的冠军争夺者。他们等待第2次滑行时，看到英国队的纳希和独育森二人垂头丧气。这两位在比赛中不受重视的选手在第一次滑行后发现雪撬上后轴一枚螺丝钉断了，看来只好退出比赛。

蒙提完成了第2次滑行后，迅速把自己雪撬上的螺栓拆下来给纳希。这次比赛的结果是英国队获金牌，体育精神堪赢的蒙提只得了第3名。

4年后，蒙提在另一届奥运会上双喜临门，获得双人雪撬和四人雪撬两项冠军。

从1963年到1968年，澳洲克拉克是历史最伟大的长跑家之一。他曾缔造17项长跑世界纪录，但却从未得过奥运金牌。在1964年东京奥运会中，他以世界纪录保持者身份参加一万米长跑，在赛前被认为稳操胜券，但结果只拿到第3名。

捷克的扎托皮克是公认的伟大长跑家，曾在1948年和1952年，两届奥运会共获金牌4枚银牌1枚，他既是克拉克的前辈又是克拉克的好朋友。

东京奥运会之后，克拉克前往捷克首都布拉格，上门拜访扎托皮克。克拉克告别时，扎托皮克送份小礼物给他并且说："这是你应得的"叫他在登上飞机后再看这礼物。飞机在大西洋上空飞行时，克拉克把礼物打开。那礼物原是扎托皮克的一枚金牌，这是一位真正的识英雄重英雄的奥运健儿！

1992年冬季奥运会颁奖仪式上，美国国旗徐徐升起，卡萝尔和丈夫吉姆·山口看着爱女领取金牌，不由得想起了往事：卡萝尔女儿出生时，他们夫妻俩发现女儿是严重的内八字脚，双脚的脚趾相对，卡萝尔费尽心机，想尽一切办法让女儿能正常走路。卡萝尔让女儿穿了四年矫正鞋。在她女儿6岁时才能正常行走。但卡萝尔不满足于能正常走路。她说：我希望任何要靠两条腿的事她都能做。她还说，我的女儿选择了滑冰。不久，小女孩就央求母亲准许她在滑冰场上有更多练习时间。没有多久，卡萝尔便每天都要早晨4点钟起床，送女儿去冰场。后来，在苦练了15年之后，年轻的克利斯蒂·山口终于代表美国参加奥运会比赛了。

奥运之光照耀泰晤士河

第二次世界大战的爆发，使原定的12届（东京）和13届伦敦奥运会未能举行。1948年7月29日—8月14日在英国首都伦敦举行第14届奥运会，即奥运史上第12次奥运会。

7月29日下午3点，在伦敦温布利"帝国运动场"举行开幕式，由12000人组成的合唱团唱起了圣歌，英王乔治六世、英国首相艾德礼、国际奥委会主席埃德斯特罗姆等参加开幕式。伴随着"斗剑式进行曲"，以希腊队为先导，按A·B·C顺序入场。英国剑桥大学生马克，在圣火台上点燃圣火。

本届奥运会的英雄是一位女将，即非凡的"女欧文斯"——荷兰女子田径巨星范尼·布兰克尔斯·科恩。她一人独得4枚金牌，她被称为"会飞的家庭主妇"，不少奥运史家把这次奥运会称为"范尼奥运会"。范尼是科恩的昵称。早在12年前，范尼就在柏林奥运会上初露锋芒，那时她才18岁。在伦敦，她已经是30年华的"半老徐娘"，然而她却登上事业高峰。她的"黄金时代"是在第二次世界大战期间。1943年，她以1.71米打破女子跳高世界纪录。第1个突破1．70米大关。同年她又创造了6．25米女子世界跳远纪录。在欧洲锦标赛上她第一次大显才华，获80米栏和4×100米两项冠军。她终于迎来了1948年伦敦奥运会。可这时她已是两个孩子妈妈。然而这个被誉为"会飞的家庭主妇"确实宝刀未老。在伦敦她赢得100米、200米、80米栏、4X100米接力4块金牌。许多妇女则称她为失职的妻子和母亲。范尼反驳说："她每周仅有两次能放下手里要洗的盘子和袜子抽出时间去进行训练。"

范尼从伦敦奥运会凯旋归国时，这位"田径女王"在荷兰阿姆斯特丹受到异常隆重的欢迎。她乘坐一辆漂亮的四匹大白马拉的车，驶过市内主要街道，接受市民们夹道欢迎。朱莉安娜女王亲自封她为骑士。在荷兰享此殊荣的运动员只有她和足球明星克鲁伊夫。这位12次打破世界纪录33次创荷兰国家纪录的巾帼英雄，至今仍活跃在国际体坛。荷兰的一种玫瑰花和一种糖果以她的名字命名。有人为她建起一座雕像。那天她刚刚度过82岁生日。

匈牙利射击运动员塔卡奇在一次事故中不幸失去右手，从此便改用左手，经过3年顽强的训练，终于夺得世界冠军。伦敦奥运会上，他不仅获得手枪速射金牌，还创造了该项目的世界纪录。4年后，他又蝉联这一项目冠军。

本届马术比赛闹出了一个大笑话：瑞典队本来以1366分获得团体赛冠军，可是一年后，国际骑马运动协会取消了瑞典队的冠军资格。因为瑞典队中佩松不符合当时队员必须是军官的条件，佩松仅是一名下士。在赴伦敦时临时被"提升"军官，可是瑞典人粗心，竟忘了给佩松换军帽，于是佩松戴着下士帽子冒充军官参加比赛。结果露了馅，到手的金牌丢掉了。这样法国被晋升为冠军。这就是后米广为传播的瑞典"马大哈"大意失荆州的故事。

本届奥运会田径比赛第2号人物是法国女选手奥斯特迈尔，这位25岁女选手，一人获2枚金牌1枚铜牌。她有两大爱好，一是田径，二是音乐。

她常对人说："我是一个爱好运动的钢琴家，不是会弹琴的运动员。"她外出比赛，除了带上跑鞋之外，箱子里总要放一件晚礼服，因为她在比赛期间也免不了要去音乐厅演奏她所喜爱的德国作曲家勃拉姆斯或匈牙利作曲家李斯特的作品。

1958年，有一位女性用了10小时49分，从卡塔林岛到森角，全程33.8公里，在水中稍作休息后，她又游回卡塔林岛，时间是15小时36分，而当时男子单程最短时间为13时25分。她比男子还游得快。更令人难以置信的是，就是这位女性在前两年还是一个严重关节炎患者，只能靠拐杖走路。这位名扬四海的女性就是在本届奥运会100米自由泳金牌和4×100米自由泳银牌得主丹麦的格雷塔·安德森。她还在1957年、1958年两次成功横渡英吉利海峡。

17岁的美国选手罗伯特·马赛厄第一次接触全能项目时，距美国奥运会选拔赛只剩三个星期，他硬是凭着良好的身体素质和艰苦训练通过了选拔赛，并在伦敦奥运会上战胜所有对手，成为奥运史上最年轻的十项全能冠军。4年后，他在赫尔辛基成为奥运史上蝉联这一项冠军第一人。退役后投身政界，当选美国国会议员。

8月14日伦敦奥运会闭幕了。这届奥运会是在劫后余生的极困难条件下举办的。它可能在物质和技术以及运动成绩方面无可夸耀，但这届奥运会向全世界证明了它具有强大的生命力。正如中国古诗所云："野火烧不尽，春风吹又生。"从此，奥林匹克运动走向一个更新更高的层次。

从这届奥运会开始确定了"奥运会会歌"，它是一首受到世界人民欢迎的歌曲，至今仍被人们所传唱。

探秘奥运吉祥物

现今每逢举办奥运会或其他大型比赛，主办国总是根据本国特点，选取动物或人物形象作为运动会的吉祥物，祝愿运动会圆满成功，增加欢乐和喜庆气氛，也以此期待能给运动员带来好运。

吉祥物英文"Mascot"出自法语"Mascotte"，源于法国的普罗旺斯语，19世纪才正式出现在法国词典上。

1880年，法国一位女艺术家演唱了奥德兰谱曲的歌剧"吉祥"，引起极大轰动。生财有道的珠宝商们从中受到启发，为招徕生意，他们精工制造了有这位女艺术家着装形象的手镯饰物，结果赚了一大笔钱。因为按照普罗旺斯语的解释"Mascot"具有一种神奇的魔力，会给人们带来意想不到的欢乐和好运。

运动会设吉祥物之风也可追溯到远古人类的图腾崇拜。但奥运会的吉祥物却旨在为体育盛会增添更多欢乐、和谐和必不可少的经济收入。

现在，我们看到的奥运会吉祥物大多为夸张、稚拙的拟人化动物形象，特别惹人喜爱。其实最初的吉祥物设计并不是这样的。1972年，当第20届奥运会在前联邦德国慕尼黑举行时，主办者推出一个取名"瓦尔迪"的德国小猎狗形象，非常本色。作为奥运会吉祥物，这是由国际奥委会正式批准的第一个吉祥物。

"瓦尔迪"的出现产生很大反响，促进了奥运会的宣传，也给主办者带来丰厚的商业收入。随后，国际奥委会在其宪章中对吉祥物的使用，所有权等作出了明确规定。宪章中写道："为奥运会而制作的吉祥物应被看成奥林匹克徽记，其设计必须由奥运会组委会提交国际奥委会执委会批准。"

吉祥物的出现至今不过20多年时间，但形成了种类繁多的、特点鲜明的"家族"，这个"家族"中以动物形象居多，也有抽象的人物造型。充分显示了人类丰富的想象力和创造力。

1976年蒙特利尔奥运会吉祥物河狸，黝黑、壮实的河狸"阿米柯"是写实的。同上届猎狗一样非常本色。

1980年第22届奥运会在莫斯科举行。苏联人创造了一个温顺善良的北极小黑熊"米什卡"。米什卡胸前抱着一束鲜花，手中举着一串奖牌，奔跑着做迎接状，给人留下深刻印象。

1984年洛杉矶奥运会吉祥物是一只鹰。鹰是美国国鸟，所以人们称之为"山姆鹰"。山姆长着一个滑稽的大脑袋，一双又蓝又大的椭圆形眼睛。一只巨大的鹰鼻几乎占去脸部1/2。嘴边挂着幽默的微笑，头上戴着一顶具有美国国旗，白、蓝、红三色的五环标志的绅士帽，既表现了洛杉矶奥运会特点，又给人留下美的记忆。

1988年汉城奥运会选择了一只虎为吉祥物，取名为"荷多里"——小虎仔。据说，这是从征集的2000多个名字中挑选出来的。虎虽是凶猛动物，但韩国是根据本国、本民族爱好和传统观念，并不在意其他国家忌讳和反感来选择的。"荷多里"被塑造成一只天真活泼的小老虎，小老虎胸前戴着奥林匹克的五环会徽，头上戴着的纱帽是朝鲜农民的传统服饰。帽顶上旋转而下的飘带呈"S"字，是英文汉城第一个字母。小老虎的右手高举起表示胜利。

1992年巴塞罗那奥运会吉祥物是一只拟人化的狗的形象（Cobi）它伸展双臂呈将要拥抱状，背景为世界地图剪拼样，恰似一顶色彩斑斓的羽翼冠戴在头上。整个造型给人以一种滑稽、可爱的情绪感染；世界地图作为一种形象语言运用，体现了奥运世界性。斑斑点点的自然和"人工星辰，似烟花撒落"，增强了喜庆祥和气氛。在吉祥物造型上采用了重合手法，从右侧看是一只竖耳挠鼻的狗形象，正面看似乎似一个咧嘴的含笑小孩。作者独具匠心、巧思妙绘。这个名为"科比"的吉祥物，它像热狗一样畅销，为本届奥运会赢得2亿多美元。

1994年亚特兰大奥运会吉物仍是一个拟人化动物，它一手抱球，另一手推车，给人以积极从事运动的感受。

1994年挪威第17届冬奥会则完全摒弃传统，既不用动物，也不用别的物，而是以一男一女两个孩子为吉祥物。男孩叫哈克，女孩叫克莉斯汀。对挪威来说，这是两个不寻常的名字，因为他们曾是中世纪挪威内战中举足轻重的人物。他俩在雪撬上，一前一后，一坐一立，蔚蓝色的眼睛充满希望，金色的头发随风飘逸，样子十分活泼可爱。哈克和克莉斯汀是迄今为止世界体坛上首次出现的人物吉祥物。

哈克在挪威历史上是一位深得人们爱戴的英明君主，他统治挪威时期是挪威最伟大的时期。

挪威人取哈克和克莉斯汀的形象作为本届冬奥会的吉祥物，不仅是奥林匹克精神的象征，也是挪威人民民族传统的化身。

挪威在这届冬奥会前，还在1万名小学生中选出16名11岁孩子，送进一所特殊学校——吉祥物学校培训。他们不仅要学习奥林匹克史，还要了解哈克和克莉斯汀的真实故事，以便更好地为冬奥会服务。

1996年亚特兰大夏季奥运会吉祥物"Izzy"是第一个用电脑制作出的吉祥物。它是一个幻想出来的生物，被起名叫作"Izzy"。这个名字来源于"What is it"。因为没有人能看出它到底像什么。在1992年巴塞罗那奥运会结束以后它改变了几次形象。最后它得到了一张嘴，并在眼睛上增加了闪亮的星星，同时原先细长的腿上增加了肌肉，脸上也长出了鼻子。

2004 年雅典奥运会的吉祥物费沃斯和雅典娜是一对兄妹，吉祥物的创意来自古希腊的一种玩具形象。这种数千年前的玩具是在希腊的一座历史遗迹中发现的。尽管两个吉祥物诞生于现代，但他们的名字则都来源于古希腊传说中的人物。其中费沃斯是光明和音乐之神，通常也被称为是太阳神；雅典娜则是智慧女神和雅典城的守护神。费沃斯和雅典娜一起，象征着希腊的历史和现代奥运会的结合。

2008 年北京奥运吉祥物是 5 个拟人化的福娃，英文译名为 Fuwa，分别是鱼、熊猫、藏羚羊、奥林匹克圣火和燕子形象，色彩与奥林匹克五环一一对应，具有极强的可视性和亲和力。五个吉祥物的名字是贝贝、晶晶、欢欢、迎迎、妮妮，即北京欢迎你。福娃代表了梦想以及中国人民的渴望。他们的原型和头饰蕴含着其与海洋、森林、火、大地和天空的联系，其形象设计应用了中国传统艺术的表现方式，展现了中国的灿烂文化。

北京奥组委对这组融儿童与动物为一体的五个娃娃形象组成的吉祥物进行了解读。"福娃"的色彩与灵感来源于奥林匹克五环、来源于中国辽阔的山川大地、江河湖海和人们喜爱的动物形象。向世界各地的孩子们传递友谊、和平、积极进取的精神，以及人与自然和谐相处的美好愿望。

"福娃"是 5 个可爱的亲密小伙伴，每个娃娃都有一个朗朗上口的名字："贝贝""晶晶""欢欢""迎迎"和"妮妮"。在中国，叠音名字是对孩子表达喜爱的一种传统方式。当把 5 个娃娃的名字连在一起，你会读出北京对世界的盛情邀请"北京欢迎你"。"福娃"的原型和头饰蕴含着其与海洋、森林、火、大地和天空的联系，应用了中国传统艺术的表现方式，展现了灿烂的中华文化。北京奥运会吉祥物的每个娃娃都代表着一个美好的祝愿：繁荣、欢乐、激情、健康与好运。娃娃们带着北京的盛情，将祝福带往世界各个角落，邀请各国人民共聚北京，欢庆北京 2008 奥运盛典。

在设计思想上，北京奥运会吉祥物首次把动物和人的形象完美结合，强调了以人为本、人与动物、自然界和谐相处的天人合一的理念；在设计理念上，首次把奥运元素直接引用到吉祥物上，如火娃的创意来源于奥运会圣火；在设计应用上，更加突出了延展使用上的个性化。一大特点就是五个吉祥物的头饰部分，可以单独开发出来，运用更为广泛，孩子们可以根据自己的喜好选取不同的头饰，戴在头上，活泼的孩子也成了可爱的吉祥物形象，互动性大大增强；在数量上，北京奥运会的吉祥物也是奥运会历史上最多的一次，达到5个，体现了中华文化的博大精深。

福娃贝贝——灵感来源：中国年画连年有余、中国传统鱼纹样、水浪纹样，

福娃晶晶——灵感来源：熊猫、宋代瓷器莲花造型。

福娃欢欢——灵感来源：中国传统火纹图案、敦煌壁画中的火焰纹样。

福娃迎迎——灵感来源：中国青藏地区的装饰造型纹样、小藏羚羊。

福娃妮妮——灵感来源：燕子、沙燕风筝。

2005年11月11日，是北京2008年奥运会倒计时1000天纪念日。北京2008年奥运会吉祥物福娃贝贝、晶晶、欢欢、迎迎和妮妮正式发布了，同时发布的还有2008年奥运吉祥物福娃的各种运动造型。2008年奥运吉祥物是5个拟人化的福娃：分别为鱼、熊猫、藏羚羊、火娃和燕子，寓意了五行中的一种。5个吉祥物的名字是贝贝、晶晶、欢欢、迎迎、妮妮，即北京欢迎你。

北京奥运会吉祥物的特点是：

第一，北京奥运会的吉祥物体现了北京奥运会"绿色奥运、人文奥运、科技奥运"的筹办理念和奥林匹克精神，传递了人类社会和平发展、人与自然和谐相处、人与人之间和睦相处的理想和追求。

第二，吉祥物具有浓郁的中国特色。吉祥物大量使用了丰富的中国文化元素，多方位展示了中国文化的多样性。

第三，吉祥物具有广泛的代表性。

第四，吉祥物具有独创的知识产权和广阔的市场开发空间。

第五，北京奥运会吉祥物是集体智慧的结晶，渗透着方方面面的智慧和劳动，特别是创作修改团队的成员起了重要作用，众多国内著名的文艺大家多次参与讨论，参与修改，提出意见。

奥林匹克色彩的交响

从第一届奥运会开始，每届都有一个艺术形象作为本届运动会的会标，它具有权威性、庄严性。在艺术符号和造型的运用方面更简练、概括了体育运动的主旨。如果把每届奥运会的会标和宣传画联系起来，堪称是一部彩色、形象的奥林匹克史。

会标是奥运宣传画中一种特殊形式。除奥运会有会标外，还绘制若干幅宣传画，其艺术容量可以是单项活动，也可以是多项运动的综合，或以色彩、符号表现一种运动美感、节奏和情绪等，运用形象的艺术语言宣传体育运动目的和意义。

奥运会标它不仅反映东道国对奥林匹克运动的理解，而且形象的宣传东道国本身。也就是说，每届奥运会或多或少的宣传画中，有一幅最有代表性的打头作品，这就是奥运会会标。例如：第25届奥运会是在西班牙巴塞罗那举行的，大会有20幅宣传画，其中有一个作为会标。

在百余年的奥运史历程中，经历了两次世界大战，人类的精神文明和物质文明发生了巨大变化。会标既然受世界政治经济文化的冲击，同时也反映了这些多彩的令人目眩的历史：

第1届奥运会是在希腊召开的。雅典是世界著名的古都。在会标的重要位置上是手拿橄榄枝戴花冠的希腊女神雅典娜，她站在帕提侬神庙前，安详地期待着首届奥运会成功。她的背后是广阔的体育场遗迹，用以显示古代奥运会和现代奥运会的历史渊源。

第2届奥运会在巴黎召开。会标上是一位纤细文雅的金发女神，露出标准的商业性微笑，身着黑色裙式运动服左手捧一防护面罩，右手平举花剑、佩剑和轻剑，好像号召人们走向运动场。在这一届奥运会，法国先派4名女选手参加高尔夫球，开了女禁。会标上女郎高举利剑，这是对顾拜旦的公开挑战（实际直到1924年才准许女子参加击剑比赛）。

第3届奥运会是美国路易斯举行的。由于受到当地世界博览会影响，奥运会会标像一张商业广告。

第4届奥运会在伦敦举行。东道国特地建造了可容纳68000名观众的体育场，会标上以布希体育场为背景。主体图像是个用跨越式跳高的运动员。这是奥运会标上首次出现正在运动着的运动员。

第5届奥运会在斯德哥尔摩举行。作为世界主要体操流派之一的瑞典体操在19世纪盛行。本届会标特别表现了瑞典体操，健壮的裸体男性运动员和正在挥舞着参赛国旗，巧妙含蓄地表现了对奥林匹克运动的理解，表现了奥林匹克运动的全球性。

第6届奥运会没开成，但会标设计出来了，是古奥会赛车的一个场景，很有气势和动感。

第7届在比利时安特卫普举行，会标上充分展现了参赛国旗帜、安特卫普的圣母院和市盾形徽章以及一位正掷铁饼的运动员。

第8届在巴黎举行。会标以法国红、白、蓝三色国旗为背景，前面两排健壮的运动员（半裸体）整齐地举右手。

第9届运动会在阿姆斯特丹举行。会标上一个迅跑的运动员顶天立地地占据整个画面。他的背景是明朗的蓝天奥运会运动场远景。最可贵的是这届会标第一次出现了飘扬着的五环旗。

第10届奥运会在洛杉矶举行。会标采用半浮雕立体手法，表现一位手执橄榄花环做传呐喊的运动员。其典故来自古奥会。那时候，每逢奥运会举行前都要派人分赴各地，宣告一切敌对行动应立即停止。

第11届奥运会在德国柏林举行。会标将五环旗移到上方醒目位置，与下面运动员的头部特写贴切地组成上半部。下半部为凯旋门，门上停放一架古奥会四马赛车。整幅上半部明调，下半部暗调，明暗之间令人想到盛会后德国法西斯行径。

第14届奥运会在伦敦举行。会标显示出白色大理石的掷铁饼者。背景是伦敦著名的议会大厦和东北角的钟楼。整幅画面一扫战争阴霾，显得格外简洁明快。

第15届奥运会在赫尔辛基举行。会标选择了著名长跑运动员鲁米的青铜雕像为主图。鲁米身后的背景是地球上芬兰地图。根据1940年（芬苏条约）原属芬兰的一部分地划给了苏联。

第16届奥运会在澳大利亚墨尔本举行。会标推陈出新摆脱了人体造型，进入装饰美术的天地。五环作为主要图案出现在会标上，墨尔本市盾形徽章附属在它的下方。整幅画面干净明了，让人耳目一新。

第17届奥运会在意大利罗马召开。会标把罗马城的标志母狼放在显要位置，而五环旗却被大大压缩了。这样开了个先例：不是表现奥运会宗旨，而是拼命表现东道国自己。

第18届奥运会在日本东京举行。日本人的狂热情绪，在会标上一览无余。日本国旗加上奥运五环，甚至没有奥运会字样。只有东京，1964。

第19届奥运会在墨西哥城举行。会标是正中位置放着弘扬墨西哥文化的太阳石，简洁明快。

第20届奥运会在德国慕尼黑举行。其会标采用比较抽象的艺术手法，用帐篷形状象征为奥运会准备的现代体育设施，用299米高的奥林匹克塔象征具有生命力的体育运动和具有朝气蓬勃的城市。值得注意的是，会标上出现明显的小标志，五环加奥林匹克塔俯视示意图，这是夏季奥运会首次出现的会徽。

第21届奥运会在加拿大蒙特利尔召开。会标的主要图像就是五环旗，画面没有多余文字，只有时间、地点和一个小会徽，所以主体位置的五环显得雄伟壮观。

第22届奥运会在莫斯科举行，会标是五环和四条跑道和克里姆林宫造型。简练概括，又很有表现力。以后每届奥运会都效仿苏联人的做法，将大会会徽作为会标。

第23届奥运会在美国洛杉矶召开，会标承袭了苏联人的办法，直接用会徽作主图，但表现手法细致多了。是用各种彩色体育照片拼贴而成的五颗星。五颗星由于拼贴的虚实不一，加之相互重叠，看起来好像在运动。所以此届有"运动之星"的美名。

第24届奥运会在汉城举行。会标也是以会徽为主图，会徽由朝鲜传统图形加上五环组成。图形是三条旋风式红黄蓝色带，由右向左像一个横躺着的逗号。据说三条旋风色带，代表天、地与人的合一。精神与物质通过人所体现的和谐。

第25届奥运会在西班牙举行。会标奇特，好像是人不经意地画上三笔，但却是栩栩如生迅跑的人。蓝色代表海，红黄代表西班牙的国旗色。表达更快更高更强的奥运精神。

第26届奥运会在亚特兰大举行。会标是个燃烧的火炬，五环下有"100"字样，表达了奥运100周年奥运大家庭的大团结。

第一届奥运会邮票

　　第一届奥运会邮票（The First Olympic Games Stamps）1896年，第一届现代奥运会在希腊雅典举行时。举办国的经费不足，为此，东道国在希腊邮协领导人萨科拉弗斯的建议下，率先发行了世界第一套奥运会邮票（也是世界上第一套体育邮票）。

　　第一届奥运会邮票发行于1894年，当顾拜旦与12个国家的79名代表决定成立国际奥委会，开创奥林匹克运动时，资金不足曾是困扰他们的最大难题。为此，希腊政府拨款40万德拉玛，邮政部门利用这笔款，发行了一套以古奥运会历史为题材的邮票，高于面值出售，用以募集举办第一届奥运会的资金，并获得了成功。这也是世界上第一批以奥林匹克为题材大面积发行的纪念品。希腊发行奥林匹克邮票原先只是为了经济利益，却没有想到这类邮票能够风行世界，产生积极的影响，同时还催生了世界范围内奥运纪念品收藏的大市场。

　　希腊王储康士坦丁，是一个26岁的英俊青年，孔武有力，喜爱运动。当他听完顾拜旦的诉说后没有立即表态，学识渊博的顾拜旦随后与王储谈到了1821年希腊反抗土耳其统治的起义；谈到了英国诗人拜伦为了希腊人民的自由，带着病残之躯，横渡海洋，远赴希腊，参加那次正义战争，最后献出了自己年轻的生命；谈到了在那次残酷战争中30万希腊为了活下来的60万同胞能做自己命运的主人，义无反顾地洒下了最后一滴鲜血……最后，顾拜旦满怀激情地说："因此，我对这样的希腊满怀信心。"

　　王储显然被顾拜旦的情绪感染了，他激动地说："而我，对奥运会充满信心。"

王储被说服了，顾拜旦不虚雅典之行。

王储接管了筹备奥运会的一切工作，这引起了首相的强烈不满，国王乔治一世回国后，又公开支持王储，迫使特里库皮斯辞去了首相职务。一国高级官员，因奥运会主办问题辞职这在奥运会史上是仅有的一次。

筹备工作中的障碍消除了，为了筹集资金，希腊全国各地掀起了募捐运动，募集了33万2千7百56德拉马，但这只是杯水车薪。为了弥补资金不足，希腊政府拨款40万德拉马，邮政部门利用这笔款，发行了一套以古奥运会历史为题材的邮票，高于面值出售。这是世界上第一批奥林匹克邮票。1906年为纪念现代奥运会创办10周年在雅典举行运动会时，希腊再次采用了上述筹款办法。希腊发行奥林匹克邮票原先只是为了经济利益，但却使这类邮票风行于世界，产生了积极影响。1920年安特卫普奥运会时，比利时首次仿效了希腊的做法。此后，不仅奥运会主办国，其他国家也发行这类纪念邮票。冬季奥运会邮票是从1932年开始发行的。1982年世界奥林匹克集邮爱好者还专门成立了集邮协会，并选举萨马兰奇担任了这个协会的主席。

希腊人虽然通过募捐、发行邮票筹集了不少资，但运动会能顺利召开，最后还得力于希腊富商乔治·阿维办夫（1814—1899）他赠献了一百万德拉马巨款，在古运动场的废墟上重建了大理石运动场。为了纪念阿维罗夫对运动会所做的贡献，希腊在雅典广场为他建造了一座塑像，并在运动会开幕前一天举行了揭幕典礼。

第一届奥运会克服重重困难，终于在1896年4月6日开幕了。这是历届奥运会举行月份最早一次。东道主之所以将开幕式选在这一天，是为了纪念希腊反抗土耳其统治起义75周年。

这套邮票共12枚，其中有著名雕塑掷铁饼者、古希腊拳击、战车赛、古雅典竞技场、胜利女神与古希腊体育运动有关的艺术作品等八种图案。

邮票的边框装饰也富有古希腊的艺术色彩，极具收藏观赏价值。

第一届奥运会邮票，它是1896年发行的，应该说是世界是第一套体育邮票，也是第一届现代奥运会的，夏季奥运会的邮票，距今已经110年了。

希腊发行奥林匹克邮票的意图原先只是为了募集举办第一届奥运会的资金，却没有想到奥林匹克、现代奥运会与邮票结为亲密"伙伴"，并以邮票的形式向人们描绘出一幅幅绚丽多彩的奥林匹克百科全书，产生了积极的影响；同时还催生了世界范围内奥运纪念品的收藏热潮。这套邮票堪称是见证现代奥运会开创的历史文物，故此被收藏人士誉为"奥运活化石"。

在坎坷的现代奥运史中，邮票扮演着一个极重要的角色，用于筹款的邮票曾一次次的为风雨之中的奥运会提供强有力的支持。而恢宏博大的奥林匹克精神则为奥运邮票提供了深远的内涵和丰富的素材。奥运邮票如同一曲凝固的音乐，以美丽而雄浑的基调为我们娓娓讲述奥运的故事。

邮票拯救了奥运会？也许当您看到这句话会觉得不可思议，但这在奥运史上的确是一个事实。可以说，邮票是奥运会的第一个赞助商。

1894年6月繁忙而又充满了惊喜。在刚刚结束的巴黎国际体育会议上，雅典有幸赢得了第一届现代奥运会主办权，国际奥委会第一位主席泽·维凯拉斯将召开第一届奥运会的喜讯带回了雅典。但是此时，一盆冷水从天而降，希腊首相特里库皮斯因经费不足，提出要求缓办奥运会。焦急万分的维凯拉斯把这一消息通报给国际奥委会秘书长顾拜旦。1894年10月底，顾拜旦仓促到达雅典。在会晤希腊首相特里库皮斯时，他表示办奥运不能半途而废。但这一切似乎无济于事，特里库皮斯又以国家负债累累为由，拒绝拿钱去办奥运会，两个人的交谈不欢而散。一筹莫展的顾拜旦抱着一线希望求助于希腊王储——26岁的康士坦丁。王储接管了筹备奥运会的一切工作，并得到国王乔治一世的公开出面支持。在高压之下特里库皮斯辞去了首相职务。一国高级官员因奥运会主办问题辞职，这在奥运会史上是仅有的一次。

扫清这一障碍之后，顾拜旦松了一口气，但接踵而来的却是一个更加严峻的问题：筹办奥运会的经费从何而来？希腊全国各地掀起了募捐运动，共募捐了33.2756万德拉马（希腊币）。但这只是杯水车薪，还有4座奥运场馆需要资金建造。就在这个关键时刻，希腊集邮爱好者戴米特斯·萨克拉夫斯提出一个建议，那就是发行一系列的纪念邮票，这套邮票选用了雕塑家米隆的"掷铁饼者""宙斯神庙""古竞技场"等画面。经过商议，组委会委员抱着试一试的态度发行了这一系列的邮票。结果让他们大吃一惊！这些邮票很快帮他们解决了财政问题。雅典运动场终于在古运动场的废墟上建成了，也为以后奥运会印发邮票开了先例。

奥运村

奥林匹克村，又称奥运村或运动员村，是奥运会主办者为参加奥运会的运动员、官员和工作人员提供的住宿地，也是奥运会赛事最重要的服务场所之一。作为各国家和地区运动员及代表团成员的主要居住地，奥运村承担着全部奥运会和残奥会运动员、官员在住宿、餐饮、娱乐、休闲等方面的服务工作，也是各国和地区运动员集中举行国际交流和联欢活动的场所。奥运村由运动员村、两个媒体村和超编官员驻地组成，承担着奥运会服务的重头任务。北京奥运会赛时，将有205个国家和地区的1万6千多名运动员和随队成员、7千多名各国记者居住、生活在奥运村。

1924年第8届奥运会在巴黎举行，主办者第一次将参加者集中安置在特意建造的木制房屋中，这就是最早的奥运村。1932年洛杉矶奥运会，该市在离主体育场不远的地方专门建造了供运动员和正式工作人员居住的建筑群，从此这个做法成为一个传统，并在《奥林匹克宪章》第42条加以规定："为了使所有运动员、官员和其他工作人员住在一起，奥运会组委会应提供一座至少在奥林匹克运动会开幕式前两周至闭幕式后3天期间可入住的奥林匹克村。"

奥林匹克村应符合国际奥委会执行委员会制定的《奥林匹克村须知》的要求。居住在奥林匹克村的官员和其他工作人员的名额由国际奥委会执行委员会确定，他们不可超过报名运动员人数的50%。奥运村的位置应在主体育场、练习场附近。在奥运村中，规定必须有餐厅、医院、商店以及文化娱乐中心当辅助设施。

《奥林匹克宪章》还规定，奥运会组委会应负担运动员、官员工作人员在奥林匹克村的全部膳食费用和在当地的交通费用。各国代表团入住奥林匹克村都要举行一个简单而庄重的入村仪式。首先由村长致欢迎词，代表团团长致答谢词，然后奏代表团所属国的国歌，最后升起代表团国家的国旗。1952年中国奥运代表团赶到安赫尔辛基时，奥运会的比赛已接近尾声，但仍然在奥林匹克村举行了庄严的升旗仪式。这是五星红旗第一次在奥运会上出现。

居住区是奥运村的主要组成部分，这里除了运动员公寓外，还设有运动员综合诊所、餐厅、多功能图书馆、娱乐中心、休闲体育区等相关服务设施。其中，休闲体育区包括健身房、游泳池、网球场、篮球场、慢跑道等设施。

奥运村公寓地上总建筑面积为37万平方米。所有公寓均位于永久建筑楼内，包括22栋6层楼建筑和20栋9层楼建筑，大楼建筑风格一致，人均居住面积将达到22平方米以上。最近运动员公寓刚刚对外公开了一个样板间，给人最大的感受是中国特色与人性化设计的完美结合。白色的墙壁、深色复合木地板与浅色木制家具的配合使公寓内部看起来清爽雅致。在卧室和客厅的墙上，篆刻和书法装饰画烘托出浓郁的中国氛围，而高矮错落的绿色植物使房间充满盎然生气。

特别有趣的是，为了让运动员住得更舒服一点，卧室里的床都变成了"加长版"，长度达2.2米。而对于姚明这样的巨人，在床尾还准备了一张特殊设计的长凳。这样一来，再高的巨人也能睡得舒服了。公寓卫生间整体呈雅致的淡灰色，考虑到残奥会时残疾人运动员的需要，公寓内两间卫生间中就有一间是专门为残疾人设计的。

除此之外，每套运动员公寓将装备宽带网络、电话、有线电视、闭路电视、红外线防盗警报系统和指纹锁。奥运会时将为所有的"村民"提供ID卡和网上购物的途径。村内将设置网吧，运动员可以在村内免费上网，便捷地发送和接收信息，与家人保持联系。一些宗教礼拜场所也为各种宗教活动提供了便利。国际区和居住区的功能有所区别，是举办各代表团欢迎仪式及其他接待活动的区域，方便各个国家的运动员进行交流。这里最引人瞩目的就是占地约2万平方米的奥林匹克广场，组委会将在奥林匹克广场内为运动员举办丰富多彩的文化娱乐活动，包括露天演出、室外展览、村内公共活动。升旗广场位于奥林匹克广场的中央，占地约6000平方米，奥运会期间，近两百个国家和地区的旗帜将一起在这里飘扬。

雅典奥运村位于雅典市西北，耗资3.97亿美元，占地124万平方米。虽然它被雅典奥组委称为"奥运会历史上最好"的奥运村，但实际情况却让很多运动员不敢恭维。中国代表团就有人反映，称奥运村整体环境虽然还可以，但运动员房间内设施比较简陋。

但雅典人这么做是有理由的，他们早就计划好将奥运会的运动员公寓在9月份残奥运结束之后变成经济适用房，低价卖给希腊当地低收入家庭。全部336座住宅都在出售范围之内，大约2500个低收入家庭因而受惠。由于价格便宜，早在奥运会结束之前就有超过1.7万名雅典人参加了申请这些低价房的抽签活动，这个数字大大超过了奥运村住房实际能容纳的1万人。从这一点上来说，雅典奥运村讲究实用、拒绝奢华，也是有他们道理的。雅典奥运村在建设过程中还遭遇了尴尬的工人罢工事件，事情的起因是过多的施工伤亡让工人们觉得自己的安全得不到有效的保障。这件事后来虽然及时得到解决，但从一个侧面反映出雅典当时奥运会工程因为拖期严重，后期不得不抢时间匆匆完成的弊端。

每一个村级单位都会设立一个村长，奥运村的恐怕也是世界上名气最大、任务最重的"村长"。在这个临时建立起来的小"联合国"里，奥运村村长要全权负责奥运村内部的一切后勤事务。让运动员、教练员、官员和奥林匹克大家庭成员度过一段难忘的时光满意而归，可绝非一件易事。大家的语言不同、宗教信仰不同、生活习惯不同、文化背景不同，这诸多的差异要求村长不仅要有丰富的阅历，还要具有十分出色的外交能力和管理水平。那么，往届奥运会都是哪些人担当"天下第一村"村长的重任呢？

2000年悉尼奥运会的奥运村，在奥运村的发展进程上具有里程碑式的重要意义：它是自1924年奥运村首次问世以来，第一个将所有运动员集中在一起的奥运村。在悉尼申奥成功前，这里曾经是一片荒芜之地，经过几年的精心规划和建设，变成了环境优美、设施良好的奥运村。这个奥运村共分成10个小区，其中建有永久性和移动别墅小楼800栋、公寓350座。奥运会期间，悉尼奥运村共接待运动员1万余名和工作人员5000多名。悉尼奥运村的入口处设有一个露天圆形广场，参加奥运会的201个国际奥林匹克成员的旗帜在广场上迎风招展。这里便是奥运村村长欢迎各国和地区代表团的迎宾场所，所有代表团入驻奥运村后都将在这里举行一个简单而庄重的升旗仪式。而恭候在这里迎接每一个代表团到来的便是悉尼奥运村村长格雷汉姆·理查森。

理查森是澳大利亚政坛的"风云人物"。在20多年的政坛生涯中，他曾先后出任联邦参议员、部长及政治评论员。1966年，理查森毕业于悉尼技术高中，随后他投身政界，加入了澳大利亚工党。5年后，理查森成为了全职政治家，并在几年后陆续出任了新南威尔士州工党助理总书记、总书记。1983年，理查森当选为联邦议会参议员。在随后的11年中，他历任环境、艺术、体育、旅游、健康和通信等重要部门的负责人。1994年，理查森告别政坛，转而投身新闻行业，在澳大利亚颇有名气的9频道新闻网担任"特别评论员"，同时兼任2GB广播电台"早餐时间"节目的主持人。在澳大利亚观众中，理查森有着相当的知名度和影响力。

这样一位阅历丰富、口才颇佳的政坛、新闻界"风云人物"出任村长，悉尼奥运村果然赢得了村民们的交口称赞。

斯潘塞·埃克尔斯，是美国犹他州最负盛名的企业家之一。多才多艺的埃克尔斯不仅是韦尔斯·法戈连锁银行的主席和首席执行官，还曾经是美国滑雪队的队员和著名的慈善家。在选择由哪个城市代表美国申办2002年冬奥会时，埃克尔斯对犹他州盐湖城的鼎力支持起到了"扭转乾坤"的作用。

埃克尔斯对冬奥会的贡献不仅仅是时间和精力上的，更是经济上的。盐湖城申办冬奥会成功后，埃克尔斯家族所创办的基金会随即宣布，他们将为冬奥会开幕式提供800万美元赞助，其中200万专门用来制作奥运火炬台。另外，他们还特别捐赠1000万美元用于犹他大学体育场的翻修工程。为此，该体育场被命名为赖斯·埃克尔斯体育场，盛大的盐湖城冬奥会开幕式便在这座体育馆举行。除了上述两笔家族捐赠外，埃克尔斯还以个人名义为冬奥会捐款100万美元。正是基于埃克尔斯对盐湖城冬奥会的无限热情和贡献，经盐湖城冬奥会组委会主席罗姆尼提名，埃克尔斯成为盐湖城冬奥村的村长。

位于北京奥林匹克公园B区内西北侧，北部为规划的680公顷的森林公园，靠近将要建设的国家体育场、国家体育馆、国家游泳中心。奥运村建筑面积36万平方米，主要包括住宅、公寓及配套设施。奥运会期间将作为运动员、教练员公寓的使用。奥运村项目投资估算约为33亿元人民币，拟通过公开招标方式确定项目法人，由项目法人单位自筹资金建设。奥运村定位为北京市示范住宅区。奥运会后，奥运村将作为商品房出售或出租。

奥运村从设计到施工都充分体现了北京奥运的"绿色奥运、科技奥运、人文奥运"三大理念，采用太阳能生产生活热水就是一大特色。北京奥运村工地上陆续运进来一个个身穿塑料外衣的庞然大物，这就是奥运村要安装的大型太阳能集热板。这些集热板将分别安装在奥运村A、B、C、D区的18个楼顶上，满足奥运会时运动员的生活用水，整套系统使用寿命为20年。这也是中国第一个最大规模集中采用节能环保能源——太阳能转换热能的民用生活小区。为满足奥运会期间所有入住人员随时能洗上热水澡，奥运村太阳能热水系统还设计了两个保护系统，等于为运动员洗澡安上了双保险。而风光互补太阳能灯，则在大量节约用电的前提下，保证了奥运村的夜间照明。

国际奥林匹克日

1894年6月23日，国际奥委会在巴黎正式成立，为了纪念这一具有历史意义的日子，国际奥委会于1948年起将每年的6月23日定为国际奥林匹克日。为了纪念这一日子，在每年的6月17日至24日之间，宣传奥林匹克理想，促进大众体育的发展，扩大奥林匹克运动影响，国际奥委会特在每年的这一天举行各种以群众性体育活动为主的纪念活动。

1894年6月23日，国际奥委会在巴黎正式成立，为了纪念这一具有历史意义的日子，经过国际奥林匹克委员会的同意，把这一日称为"奥林匹克日"或运动日。国际奥委会从1948年起将每年的6月23日定为国际奥林匹克日。当年6月23日举行了首次奥林匹克日活动，参加的国家有葡萄牙、希腊、奥地利、加拿大、瑞士、英国、乌拉圭、委内瑞拉和比利时。此后，在每年的6月17日至24日之间，各个国家或地区奥委会都要组织各种庆祝活动。现在世界上参加此项活动的国家、地区已由首届的9个增至100多个，参加者十分踊跃，表达了人们对奥林匹克精神的崇尚。

现代奥林匹克运动会不分种族、肤色、宗教信仰、意识形态、语言文化，全世界人民相聚在五环旗下，以团结、和平与友谊为宗旨进行公平竞技，具有国际性的特点。

国际奥林匹克委员会于1894年6月23日成立，共有49个体育组织和12个国家的79名代表参加在巴黎举行的成立大会。国际奥委会总部设在瑞士洛桑。国际奥委会是一个非政府性、非营利性和永久性的国际体育组织。它是领导奥林匹克运动和决定有关奥林匹克运动问题的最高权力机关。国际奥委会与其成员国或地区，以及国际单项体育组织相互承认。

国际奥委会宗旨是鼓励组织和发展体育运动和体育竞赛；在奥林匹克思想指导下，鼓舞和领导体育运动，从而促进和加强各国运动员之间的友谊；保证按期举办奥运会。国际奥委会对每4年举办一次的奥运会拥有一切权力。从1924年开始又单独举行冬季奥运会，也是4年一次。

国际奥委会是依照奥林匹克宪章领导奥林匹克运动的。宪章包括73项规则及其实施细目。国际奥委会是奥运会及其五环会徽的专管机构。国际奥委会全体会议的任务之一，是选定每届奥运会的主办城市。根据国际奥委会的规定，主席不参加申办奥运会的投票。

奥林匹克委员会的委员以个人身份选入而不代表国家。1965年后当选的委员，年满72岁退休。由奥委会全体会议选出国际奥委会主席，任期8

年。主席任期的延长期限只有4年。全体会议还要选出任期4年的4名副主席和6名委员，由他们与主席一起组成执行委员会。法语和英语是国际奥委会的两种官方工作语言，它还有另外四种工作语言：德语、西班牙语、俄语和阿拉伯语。国际奥委会委员是由奥委会全体会议选举产生的，委员数目并不是固定的。

国际奥委会全体会议的职能就像议会一样，它每年举行一次会议。国际奥委会委员是国际奥委会驻在委员所在国的使节，而不是委员所在国驻国际奥委会的代表。一个国家只能出一名奥委会委员，对于那些已组织过一次以上奥运会（冬季奥运会或夏季奥运会）的国家则不在此列，这样的国家可以出两名委员。国际奥委会执行委员会每年至少开4次执委会议。

2001年7月13日，国际奥委会在俄罗斯莫斯科召开了第112届全会。此次会议上，中国北京在申办2008年奥运会主办城市的投票中胜出，获得2008年第29届奥运会的主办权。国际奥委会下设11个委员会：道德委员会、2000年委员会、协调委员会、药物委员会、奥林匹克教育和文化委员会、运动员委员会、环境委员会、人道主义事务委员会、奥林匹克运动女子委员会、大众体育委员会和奥林匹克收藏家委员会。截至1998年12月，国际奥委会共拥有200个成员国或地区。

出版物为《奥林匹克月刊》和《奥林匹克通讯》。

奥林匹克的会旗为白色，中间印有五个相互套连的圆环，即我们所说的奥林匹克环。五个环的颜色自左至右依次排列为蓝、黄、黑、绿、红（也可用单色绘制）。会旗的图案是根据顾拜旦1913年的构思设计的，1914年7月，在巴黎举行的庆祝奥林匹克运动恢复20周年的国际奥委会会议上，首次悬挂了按照顾拜旦的构思设计的会旗。在1920年举行的第7届奥运会会场上正式悬挂了印有五环图案的会旗。当时圆环的五种颜色被解释为象征五大洲：欧洲——天蓝色，亚洲——黄色，非洲——黑色，澳洲——草绿色，美洲——红色。后来，正式的解释是它们代表着参加国际奥委会所有国家国旗的颜色。1979年国际奥委会出版的《奥林匹克评论》（第四十期）强调，五个环的含义象征五大洲的团结，全世界的运动员以公正、坦率的比赛和友好的精神，在奥运会上相见。

1924年中国奥委会获得国际奥委会的承认。1979年10月，国际奥委会执委会名古屋会议通过决议，11月26日起正式恢复对中国奥委会的承认，确认中国奥林匹克委员会为中国全国性委员会，设在台北的奥委会以"中国台北奥林匹克委员会"的名称留在国际奥委会内。目前，在国际奥委会中，中国奥委会和中国台北奥委会各有一名委员。1997年7月3日，国际奥委会主席萨马兰奇宣布香港将以中国香港的名义参加奥运会。

历任国际奥委会主席

1894—1896年：泽·维凯拉斯（希腊）。

1896—1925年：皮埃尔·德·顾拜旦（法国）。

1925—1942年：亨·德·巴耶－拉图尔（比利时）。

1942—1952年：西·埃德斯特隆（瑞典）。

1952—1972年：艾·布伦戴奇（美国）。

1972—1980年：米·莫·基拉宁（爱尔兰）。

1980—2001年：胡·安·萨马兰奇（西班牙）。

2001—2013年：雅克·罗格（比利时）。

2013年至今：托马斯·巴赫（德国）。

奥林匹克宗旨

　　《奥林匹克宪章》中的"基本原则"部分指出，奥林匹克运动的宗旨是"通过没有任何歧视、具有奥林匹克精神——以友谊、团结和公平精神互相了解的体育活动来教育青年，从而为建立一个和平的更美好的世界做出贡献"。奥林匹克运动宗旨有以下基本含义。首先，奥林匹克运动的目标是促进人类社会向真善美的方向发展。进入工业社会以来，人类社会在开始大规模、全方位交往的同时也出现了剧烈的国际冲突，再加上人类掌握了毁灭其自身的武器手段，使得今天的社会面临着前所未有的威胁。此外，当代世界各国面临着诸多要靠共同协作才能应付的问题，如环境、难民、地区冲突、贸易壁垒等。奥林匹克运动试图架设沟通各国人民之间联系的桥梁，增进不同民族、不同文化的人们之间的相互了解，促进世界和平，减少战争的威胁。奥林匹克运动的宗旨与人类社会正义事业所要达到的目标一致的，并在一定程度上满足了现代国际社会的需要，对进入现代社会以来的人类有直接的现实意义。奥林匹克运动的宗旨，使它成为世界和平事业的一个重要组成部分，从而确定了它在当代国际社会中的重要地位。其次，奥林匹克运动试图以富有人文精神的体育运动作为实现自己宗旨的途径，在世界各国青年间建立起友谊的纽带。正如国际奥委会第四任主席埃德斯特隆所说："奥运会无法强迫人们接受和平，但是它为全世界的青年人像亲兄弟一样欢聚一堂提供了机会。"

　　事实的确如此，如在伊拉克和科威特战争结束仅一年后举行的巴塞罗那奥运会上，伊、科两国的运动员就同时出现在赛场上。将体育运动的作用提高到不仅促进人的全面发展，而且与社会的发展联系起来，明确地将体育运动作为一种改造社会的力量，并有意识地将这种力量应用到这样广阔的范围，应该说是奥林匹克运动的一大创举。这不仅反映了进入现代社会以来体育运动内涵的扩展和功能的增加，也反映了人们对体育运动的认识进入了一个新阶段。

奥运会海报

奥运会海报传递奥运的信息，都会为每一届运动做大量的广告和宣传海报。海报主要是奥运火炬、吉祥物、图片资料、具体的运动项目、比赛场地、奥运村、文化节，以及奥运会志愿者选拔。

海报由奥组委选定，是奥运会具体"视听"的一部分。随着时间的演进，这逐渐演变成奥运会的一种形象代表和标志。早在1896年希腊雅典的现代奥运会，并没有宣传本届运动会的正式海报。直到1912年瑞典斯德哥尔摩奥运会才正式规划和运作奥运海报。从那时起，主办城市还要负责本届会议的推广和宣传工作。

无论是1896年还是2004年，希腊雅典选择用象征和平与友谊的橄榄枝来表达他们对奥林匹克运动至高无上的理解和尊重。1896年，雅典开创性地举办了第一届现代奥运会。原本首届奥运会既没有会徽也没有招贴画，我们看到的这幅画是雅典奥委会向国际奥委会提交的报告的封面，后来被用来代表本届奥运会。雄浑的雅典卫城，手执橄榄枝的雅典娜女神，深嵌的马蹄印，展现在世界面前的奥运会徽古铜色的浮雕散发着浓厚的古希腊气息。左上方公元前776—1896的字样表示现代奥运会与古代奥运会一脉相承的关系。

为了汇集世界各地的运动员和观众，会议组织者会尽最大努力，但是他们并没有当今世界最先进的交流和沟通的工具，这就意味着奥运促销主要依赖印刷品。因此，海报就是宣传海报最为重要的一种手段。

奥运海报是历届奥运会举办国最重视的文化传播项目之一。2008奥运海报作为奥运会的一种载体，就像一面旗帜，将奥运会的理念传达给每一位参与者，以企盼达到最充分的沟通和交流，同时将奥林匹克精神与理念，输往全国及世界各地，以中华文化的特有魅力感染全球，走近人民大众，为第29届奥林匹克运动会留下珍贵的有形遗产。

奥运海报以北京奥运会会徽，吉祥物以及形象元素为主要设计依据，展现奥林匹克精神，弘扬"同一个世界，同一个梦想"的北京奥运会目标。设计包含了三重寓意：突出奥运会的重要性；声明北京是主办城市；运用全世界都易于理解力的方式，有效地为奥运会做宣传。

北京2008奥运海报能够起到宣传北京2008奥运会，体现了和谐奥运人文奥运科技奥运的思想，同时展现奥林匹克精神，多方位宣扬中国文化，实现同一个世界同一个梦想的北京2008奥运会目标。奥运海报就像是一面旗帜，将奥运会的理念传达给每一位参与者，以期达到最充分的沟通和交流。综观历届奥运海报，反映了不同历史时期的特定主题和内涵，并且与历届奥运会的主题息息相关。

奥运海报以弘扬奥林匹精神为宗旨以新颖的设计和主题策划形成独特的视觉冲击力优势！以生动活泼图文并茂的形式宣传奥运，向全世界宣传奥运会的三大理念：会徽、福娃、运动。

奥运会徽

重大会议、体育盛会一般都有会徽。会徽在设计上要体现会议的主旨、举办地、举办时间、举办国（地区、单位）等。

如奥运会会徽，是每一届奥运会的图腾，它向全世界展示了主办国家及城市对于奥林匹克精神的理解。伴随着现代奥运一个多世纪的历史，奥运会徽也经历了100多年的发展与进化。从早期复杂的招贴画式会徽到今天简约抽象的艺术性徽记，城市与民族的特性都深深地烙印在每一届奥运会徽的上面。1896年4月6日，第一届现代奥运会在希腊首都雅典举行。由于条件所限，当时并未进行系统的宣传和推广工作，招贴画和海报样式繁多而混乱，奥运会总结报告的封面被公认为本届奥运会的官方会徽。会徽上雅典娜、古奥运竞技场、时间的烙印这三个元素将神圣而辉煌的古奥运庆典与现代奥林匹克运动连接在一起。在1900年奥运会举办24年后，人类体坛的盛会再次来到了巴黎。在这届奥运会以前的6届奥运会中，海报一直是赛事组织者进行宣传的最主要工具。但复杂的海报给奥运会的推广带来了很大的困难。因此，巴黎艺术家用盾形的巴黎市徽作为主体，创造出了奥运历史上的第一个"纹章"样的会徽，使会徽更便于记忆和传播。这是现代奥运会徽史上一次大胆的尝试，开创了奥运会徽设计的全新时代。到1932年的第10届洛杉矶奥运会，会徽上首次出现了象征五大洲团结的奥林匹克五环标志，这是奥运会徽设计史上一个重大的转折点，标志着奥运会徽设计正逐步走向规范和成熟。

奥林匹克纪念馆

2008年5月20日，中国国内首座将体育名人和奥林匹克文化相结合的主题馆——何振梁与奥林匹克陈列馆在何振梁的家乡无锡落成开放，当天即吸引了众多市民前来一睹风采。该馆利用上世纪的工业遗存——无锡运河公园内、蓉湖大桥旁原有的老仓库改建，展示的图片、文字和实物翔实，布置新颖，内设的互动项目更是能让参观者在游戏中掌握奥运知识。

面积为3000多平方米的何振梁与奥林匹克陈列馆，展馆外观设计大方简约，风格上略带上世纪初风格，突出了无锡工商名城的地域特色。陈列馆分主馆、副馆两个部分，主馆两层楼集中展示何振梁先生与奥运的渊源与其收藏，物品结尾处以奥林匹克知识收场；副馆以无锡籍奥运名人和百米奥运玉雕为主。昨天，当记者再次走到这座傍河而建的老仓库前时，这里往日的陈旧与沧桑已经不见，奥林匹克的活力充分注入其中，动感又时尚的新陈列馆已经呈现眼前。

无锡籍体育名人何振梁馈赠的400件展品充实了馆藏。记者行走于馆内，一些首次公开展示的实物让人大饱眼福。在主馆二楼，有一处场景模拟了希腊奥运圣火采集地——"奥林匹克广场"，广场前正中摆放了"奥林匹克之父"顾拜旦的头像，这是国际奥委会主席罗格赠送给何振梁的；而顾拜旦使用过的书桌复制品一张，也在陈列馆二楼展陈。这张编号为218的书桌，由国际奥委会限量制作，共复制了999张，时任国际奥委会执委的何振梁获赠一张，如今，何老将其转赠给了陈列馆；何振梁身为国际奥委会委员时佩戴的臂章也保存在馆内，该臂章佩戴者在处理比赛突发事件时有果断拍板的权力。珍贵的藏品，如今都静静地"躺"在馆内，因为有了何老的有心之举、细心收藏，今天人们才有幸欣赏到难得一见的珍品。记者在陈列馆内还找到了由浙江大红鹰集团捐赠的庆祝申奥成功的百米彩色玉雕以及蔡振华、潘多、王国新、惠钧、顾俊等6位无锡籍体坛精英的资料。这座以何振梁名字命名的陈列馆，已经不是一座个人事迹陈列馆，而是传播奥林匹克文化、弘扬奥林匹克精神的所在。

主馆二楼入口处，一幅巨大的照片引起了记者的注意。远远地看，这是何振梁的巨幅头像，走近一看，这张大照片原来是由一张张小照片构成，十分抢眼。据介绍，这幅巨照由1008张小照片构成。1008张照片涵盖了何振梁在各个场合出席的照片，也有现代奥林匹克运动项目的图片。经过电脑计算色彩、亮度后，一张张小照片进行了调整最终拼成一张大图。这样的艺术构思，极具视觉冲击，也很有美感。这种设计上的匠心独运，在馆内处处可见。

陈列馆是人们亲近奥运、了解奥运的窗口，也是青少年思想道德教育的重要基地。红白相间的地面，被设计成田径跑道，跑道边所设置的用来休憩的凳子，则是由彩色的奥林匹克英文字母组成；头顶投下的光影，在地面、墙上闪跳出历届奥运会会标；就连休息区的地毯颜色，也从奥运五环颜色演变而来。每一个细节都做了精心的设计，陈列馆内"奥运"元素真是无处不在。

其中，最为吸引孩子们的要数互动区内的游戏项目了，每一项游戏都与奥运相关，在游戏中可以掌握奥运知识。参观者可以在互动游戏区域参与奥运知识冲浪，通过操作触摸键，回答大屏幕上出现的奥运知识选择题，还可以四人一组进行抢答。来到模拟标枪比赛场地，参与者只要戴上一种特制的护腕，在一块大屏幕前做着投掷标枪的动作，显示屏上就会自动显示出比赛成绩。原来套上的特制护腕遍布着感应设备，它能根据参与者挥臂的力度和速度，迅速测出投掷距离。这一模拟竞赛，可以多人进行分组比赛；如果只有一人，参观者可以将市级、省级或亚洲冠军当做假想敌，比试一下，看看自己与冠军们的差距。此外，触摸式的象棋对弈、互动影院等都带人们体验不同的运动方式。可容纳30人左右的互动影院内放映着一部16分钟的《漫步古代奥运》互动片，主持人为无锡大阿福，由阿福带着观众们游历古代奥运，其间穿插问答题，影片将根据参与者给出的正确或错误答案，大阿福带着进入不同的情景。

海上奥运城

海上奥运城，是日本建筑师安藤忠雄为东京2016年奥运会打造了水上奥运的蓝图，这个构想将在东京湾上兴建一座奥运岛，岛上包含几个运动场，将种植50万棵树，构成海上森林。这项规划重在环保，所有能源都使用太阳能，并强调"珍惜大海、森林和水"。这项旨在推动东京城市新生的计划获得了全球的关注。

作为东京申办2016年奥运会的主要策划师，日本建筑师安藤忠雄提出"海上奥运城"的构想，广受瞩目。

安藤忠雄表示，若东京申奥成功，他将不会亲自参与细部规划，而是公开招募全球顶尖人才来东京完成他的理念，让东京成为世界建筑创意中心，这项提议马上获得日本首相的大力支持。规划提出后，安藤忠雄以自己的号召力，邀请到法国前总理席哈克、摇滚乐团U2主唱波诺等人来到日本共襄盛举，截至目前，已募得33万棵树苗的款项。

关于这次设计方案的特色，安藤忠雄明言"要让东京获得重生"。他指出，"我希望将奥运场馆所在的东京湾建成一个理想都市，成为亚洲国家的一个模板"。即使申奥失败，该计划仍然会得到实施，因为安藤忠雄提出对整个东京的城市规划，只有一部分是以奥运为目的。

安藤认为，至今为止，日本的城市规划都是以欧洲巴黎等大都市为模板，这种想法在亚洲其他大城市也同样存在。然而，亚洲和欧洲的气候、风土人情截然不同，因此，他希望能够建造一个完全"亚洲特色"的都市形象。

安藤说建筑师要同时思考"建筑"和"城市"这两个主题，其中一个关键词就是"环境"。综观安藤忠雄最新作品，无论是刚建成的表参道新城，还是正在进行中的东京Midtown计划和东京大学项目，都不难发现他对城市环境的关怀。他要将建筑与自然环境结合起来，形成一个个小规模的"文化森林"。

奥运蔬菜

奥运蔬菜包含有两个方面的含义，奥运会是世界人们的体育盛会，参会人员来自世界各地，而世界各地的蔬菜种类、饮食习惯又大不相同，既要外国朋友能够品尝到中国的美食，又要让他们感到有回家的感觉，能够吃到家乡的菜。这就要求我们的蔬菜品种要多种多样，要把国外的蔬菜品种尽可能地引进来，尽量能满足各国参会人员的要求。奥运蔬菜的另外一方面的含义就是要把这些蔬菜在北京最炎热、自然灾害频繁的8月安全、优质、足量地生产出来。

奥运蔬菜的整体特征而言，大部分都是我们以前曾见过的品种，只是在原有品种上，生出了许多分支：比如菊苣，又分红菊苣、软化菊苣、荷兰苣等；生菜衍生出直立生菜、紫叶生菜、花叶生菜等若干个品种；角瓜则出现绿的、黄的、圆的、碟形的，千奇百怪；甘蓝家族更是庞大，分为结球甘蓝、皱叶甘蓝、孢子甘蓝、羽衣甘蓝，还有观赏甘蓝，各种颜色、各种形状的都有；以前我们只见过紫茄子，这批新品种中，又有了绿茄子；萝卜在国内再普通不过了，而玉笋萝卜则没见过，味道形状差不多，只是玉笋萝卜更脆嫩更多汁；此外，还有五颜六色的彩椒，色彩鲜艳的新型番茄。总体而言，这些洋蔬菜就像模特登上了T型台，五彩缤纷，看得观众们眼花缭乱。外形大多鲜嫩靓丽，形状也是五彩纷呈。但万变不离其宗，多数洋蔬菜，还是在不同的环境下经培养而产生的变种。

由于蔬菜来自不同国家，因此对土壤结构、温度都有不同的要求，很多蔬菜都有自己的生长特性。由于奥运蔬菜要求在7、8两个月份集中上市供应奥帆赛，因此为了容易栽培，市种子站的育种人员按照蔬菜对温度的要求对奥运蔬菜分了三个大类：多年生宿根蔬菜，它们可在（北方）陆地越冬，如紫芦笋、绿芦笋、朝鲜蓟、食用大黄；耐寒性和半耐寒性蔬菜，地中海沿岸起源的蔬菜大部分属于这种蔬菜，如菊苣类、苦苣类、生菜类、白菜类、根茎菜类，其中菊苣类蔬菜是一个大家族，意大利、法国食用较多，而苦苣类与菊苣类蔬菜有很近的亲缘关系，可相互杂交；喜温类蔬菜则包括彩色大椒、辣椒、各类黄瓜、各种茄子、各种南瓜等。

虽然奥运蔬菜品性各不相同，但是大部分蔬菜管理简单，抗性较强，既能耐低温，也能承受高温。比如说菊苣原产地是地中海地区，它的生长条件就是温度必须控制在15℃至20℃之间，而且需要在黑暗的条件下生长35天左右，才能产出味道鲜美的成品。

奥运里程碑

第15届夏季奥运会于1952年7月19日至8月3日在芬兰的赫尔辛基举行。赫尔辛基依傍芬兰湾，是芬兰最大的港城，一些高等学府、博物馆、剧院驰名欧洲，早有"千湖之国"之称。清新的空气、旖旎的风光吸引了全世界的青年和体育爱好者，来观光的人数近14万之多。赫尔辛基奥林匹克运动场美观大方，观众容量为7万人。为纪念"芬兰标枪之父"雅尔维宁，大运动场塔楼高度为72.71米，这个高度是20年前雅尔维宁在洛杉矶奥运会上创造的获得金牌的成绩。在大运动场场外还可以看到努尔米跑姿的铜塑，芬兰人以此来永远怀念他们历史上的奥运英雄们。

赫尔辛基奥运会成为奥运史上的里程碑，并非仅因为苏联人来到了奥林匹克世界，新诞生的中华人民共和国派队参加该届奥运会的消息，同样给世界以震动。由于当时国际奥委会某些人的阻挠，中国一直到奥运会开幕前夕才接到正式邀请。中国派出了篮球队、足球队和一名游泳运动员共40人组成的代表队，终于"使五星红旗在奥运会上空升起"。但因抵达赫尔辛基较晚，仅游泳运动员吴传玉一人赶上参加了100米仰泳。中国人来了！当时大约并没有人意识到，这支迟到的队伍将成为日后奥运舞台上的劲旅。

不仅是苏联人来了，中国人来了，德国也来了！奥林匹克大家庭以宽容态度重新接纳了战败国德国的运动员。运动员是无辜的，他们不应受到国际政治牵连。

战争改变了国际政治格局，也改变了世界地理格局，这些变化使奥林匹克运动面临着两大阵营相对抗的新局面。

7月19日，第十五届奥运会隆重开幕，努尔米手持火炬跑来；全场观众发出地动山摇般的欢呼声——"努尔米！"这位"长跑之神"是芬兰人心目中的偶像。55岁的努尔米手持火炬绕场一周，然后登上高塔，用火炬点燃圣火，赫尔辛基奥运会战幕由此拉开。

7月20日，苏联女子铁饼明星罗马斯科娃等3人，一举囊括了本届奥运会第1枚金牌、第1枚银牌、第1枚铜牌。苏联人出师大捷给奥林匹克以强烈震撼。

苏联第一次参加奥运会，并在若干方面打破了美国垄断地位，开始了苏美竞争新时期。苏联的竞技体育水平在战后得到迅速恢复，以田径为例，1951年苏联几个女子项目纪录已超过奥运会纪录。苏联体操更是一鸣惊人，第一次登上体操竞技舞台，就获得男团体、女团体和个人全能四个项目金牌。男体操运动员朱卡林一人获4枚金牌、2枚银牌。女体操运动员格罗霍夫斯卡娅一人获7枚奖牌，成为本届奥运会获奖牌最多的运动员。苏联举重也获得7个项目中的3个冠军。苏联摔跤也获得6枚金牌。

本届奥运会一有苏联参加，力量对比和奖牌的分配发生了巨大改变。苏联共获71枚奖牌，美国的奖牌总数76枚，虽仍居首位，但深深地感到了苏联的威胁。

德国人重返奥林匹克大家庭，这是另一支不可忽视的力量。1951年，在世界田径前10名名单中，德国有26人次在15个单项中上榜，7人次进入前3名，可见德国异军突起。

不仅苏联人开始奥运大进军，匈牙利、捷克斯洛伐克等东欧国家也开始谱写自己奥运历史新篇章。捷克斯洛伐克新的英雄扎托倍克夫妇成为本届头号新闻人物。扎托倍克夺得5000米冠军后不到半小时，其妻茵格洛娃夺得女子标枪的金牌，这是奥运史上绝无仅有的。

奥运会与"花园之州"

奥运史上唯一在南半球举行的盛会，便是1956年墨尔本奥运会。墨尔本是澳大利亚第二大城市，陆海空交通方便，是经济文化中心。

国际政治形势的发展明显影响了本届奥运会，由于"匈牙利事件"和"苏伊士危机"，一些国家拒绝参加奥运会，但本届奥运会仍有67个国家参加，超过以往历届。

中华人民共和国虽然象征性参加了1952年赫尔辛基奥运会，但是中国奥委会在国际奥委会合法地位问题，一直拖到1954年在雅典召开第49次全会上才得以解决。而在此以后，国际奥委会在少数头面人物的把持下，又坚持非法承认"台湾当局"的所谓"中华全国协进会"，妄图制造"两个中国"。1956年中国运动员已到广州集中准备参加奥运会，但由于国际奥委会竟非法同意"台湾当局"的体育组织参加奥运会，因此，11月6日中华全国体育总会正式宣布断绝同国际奥委会的一切关系，并退出8个国际单项组织。而台湾当局则派了21名运动员参加墨尔本奥运会。

德国问题是一个复杂的政治问题，但在对待奥林匹克运动这一点上，德国终于采取合作态度，第一次共同组成"全德代表队"参加奥运会。该队有159名运动员，这一做法受到奥林匹克大家庭的欢迎。

在筹办奥运会期间，遇到了一个无法解决的矛盾。按规定奥运会中应列入马术比赛，可澳大利亚法律规定，牲口入境必须有6个月隔离检疫，这对于以畜牧业为国民经济重点的澳大利亚来说是十分必要的。但马术比赛的马，就等于骑手的比赛器械，在训练中一刻离不开，而且每个骑手的马都曾经过长期调教才能参加比赛。中断6个月的训练也就无法参加比赛，任何一个骑手都不能同意的。而奥委会与澳大利亚政府谈判又没有成功，政府法律的规定无权改动，许多国家提出了更改奥运会会址的建议。国际奥委会最后力排众议，决定于墨尔本举办奥运会不更变，但马术比赛提前到1956年6月11—17日在瑞典斯德哥尔摩进行。这是奥运会史上唯一一次将一届奥运会分在两个洲举行的事例。

澳大利亚是英联邦成员，所以国家元首应是伊丽莎白女王二世。在本届奥运会开幕式上，女王委托爱丁堡公爵代为出席，并宣布第16届奥运会开幕。10万名观众出席开幕式。奥运开幕式后，田径比赛成为人们注目中心，特别是长跑比赛格外令人们关心。原来参赛者是两个强劲对手：苏联的库茨和英国的皮里，这两名选手实力相当。11月23日进行10000米，参加比赛的有库茨和皮里。枪声一响，库茨像往常一样地冲在前面，领先跑了一圈又一圈，皮里仍然采取紧跟战术，不紧不慢地跟着库茨。可突然赛场上出现了意想不到的变化，库茨突然加速，也只好加速脚步的皮里为防止甩下来，只好紧紧跟上。一圈快速跑后，库茨速度又慢下来，可没等皮里缓过神来，库茨又加速了。就这样库茨时而加速，时而慢速跑，完全打乱了皮里的计划使他疲于奔命，穷于应付。皮里到后来体力不支，眼睁睁看着后面人超过，库茨一马当先获冠军，而皮里连第6名都未进去。这就是奥运史上有名的"库茨大战皮里"的战例。赛后，各报刊绘声绘色地报导比赛并评论说"库茨是一只猫，而皮里只是老鼠"，"库茨不是机器，他的思维像他的身体一样健全"。

苏联队共获37枚金牌，列金牌首位。库茨两项都创世界纪录。以朱卡林为首的男子体操队获8个项目中7项冠军，女队也进入全盛时期。此外，苏联队还在举重、古典式摔跤等项目上显示出雄厚实力。

异军突起的澳大利亚队，游泳项目男女13项夺取9项冠军。充分显示出澳大利亚游泳运动发展的潜力，引起了世人注目。

美国链球冠军、波士顿一所中学的教师康诺利是个善于动脑筋的小伙子，这次奥运会他的主要对手是苏联的克利伏诺索夫，从赛前两人比较而言，克利伏诺索夫略占优势。然而，康诺利在比赛前几天晚上，悄悄来到克利伏诺索夫每天都要来练习的链球场地，精心地砸了几个链球落点痕迹超过现时世界纪录很远。从此克利伏诺索夫那种坦然、自信的神情不见了，代之以焦虑不安，夜里长时间不能入睡。到比赛那天，这个魁梧的小伙子满脸倦意，无精打采。而康诺利把这一切都看在眼里，心里乐滋滋的，他信心十足，最后康诺利以16厘米微弱优势占胜克利伏诺索夫。他的这个心理战术获得了成功。康诺利在这届奥运会上与捷克斯洛伐克优秀铁饼运动员奥尔娃·菲科托娃相识。康诺利被菲科托娃的美貌和才能打动，菲科托娃也喜欢康诺利的聪明和能干。两人一见如故，小伙子将金牌和自己的一颗心献给了姑娘，菲科托娃答应了康诺利的求婚。在爱情的促进下，菲科托娃第二天比赛中一举夺冠，然而他们俩的婚姻却颇费周折。由于东西方两个阵营对抗，他们俩结婚申请必须经政府同意，最后1957年经捷美两国首脑协商，终于两人结婚。康诺利后来5次刷新世界链球纪录。

另一位澳大利亚奥运英雄阿里·奥特，12年中四次获铁饼冠军。美国选手麦考密克包揽板、台跳水金牌，共获4枚金牌，成为本世纪最佳运动员之一。美国选手麦考密克获跳水金牌。

亚细亚奏响奥运圣歌

　　1964年10月10日，第18届奥运会在东京隆重开幕。日本天皇裕仁宣布开幕之后，升奥运会旗，奏奥运会歌，随后19岁的日本青年坂井义则手持奥运火炬跑进奥林匹克体育场。坂井义则出生在美国向广岛投原子弹那天——1945年8月6日，在他出生那天，原子弹炸毁了广岛三分之二，有8万人丧生，20万人随后死于核辐射病。坂井义则的父亲也死于原子弹爆炸之中，组委会选择这一位在战乱之中出生的青年点燃圣火，以表现日本青年一代对和平理想的渴求。此时，布伦戴奇已任第五任国际奥委会主席。

　　东京创建于公元1497年，最初称为江户，当时是武藏国的属地。1868年明治天皇首都由京都迁入江户，于是改称东京直至今日。东京是世界人口最多的城市之一，仅1964年统计，东京人口已超过1千万。为了举办奥运会，日本政府不惜血本，拨款30亿美元修建一系列设施。修建了可容纳72000人的奥运村，设施先进，形式别具一格，分成300多处风格各异的大小建筑。还修建了高达331.36米的电视发射塔，修建了高速公路、新干线地铁，使东京的交通呈辐射状通往大阪、名古屋。市内的高速公路、地铁等密如蛛网，其设施之先进，技术之高超令世界各国佩服。

　　这届奥运会共有94个国家参加。参赛运动员5140人。美国队、德国队、日本队和苏联队人数都超过300人。这次大会首次邀请了一批非洲国家参加。从1952年起，奥运会成为美苏两国决战场。苏联在1956年、1960年奥运会上取代了美国昔日奥运霸主的地位后，美国急了，他们发誓要重温霸主旧梦，为此，美国1964年向东京派出了336人的庞大队伍，誓同苏联一见高下。

这届奥运会大会组委会还特地邀请了美国田径明星欧文斯、捷克斯洛伐克长跑明星扎托倍克、美国十项全能明星约翰逊、英国长跑家皮里等一流世界级明星，真可谓群星聚会，给东京增添了特殊的光彩。

这届奥运会共设 19 个项目，其中根据主办国的要求，增添了男女排球、柔道，这都是日本强项。

在田径比赛中仍然是苏美角逐。苏联莫斯科体育学院学生布鲁梅尔，从 1961 年至 1963 年，他 6 破男子跳高世界纪录，在东京他又创造了 2.28 米的世界纪录。1965 年因车祸他从此没有再返田坛，这对苏联自然是个损失。

英国女子田径明星玛丽·兰德的名字在整个 60 年代都很响亮。在东京奥运会上，她在女子跳远及格赛时就以 6:52 米打破奥运纪录，在正式比赛中她以 6.761 米创造了世界纪录并获金牌。由于她是英国有史以来第 1 个获得奥运田径金牌的女子，在她回到英国后，受到英国女王的特别款待。在皇家宴会上，女王让她在红地毯上划出 6.76 米这个长度，看看玛丽究竟跳多远，女王边看边称赞地说："真难以置信。"

澳大利亚游泳选手唐·弗雷泽，她成为在墨尔本、罗马之后连续 3 次获自由泳 100 米金牌的选手，她取得这个成绩时已 27 岁。但所有这些不足以使其成为一个焦点人物，使她出名的是她独特的庆贺胜利方式：弗雷泽喝了点啤酒，然后率一伙人半夜去毁坏皇宫前一面旗帜。她被捕了。但很快此案就撤诉了。东京警视厅还将一面旗帜给她做礼物。但澳大利亚游泳联盟对她禁赛 10 年。她也曾上诉法院，1970 年胜诉，然而时光已过，她1990 年当选南威士州州议员。

日本女排在这届奥运上战胜苏联队首获冠军。有"东洋魔女"之称的日本女排成为奥运史上第一个女排冠军。这是东京奥运特大新闻，震动了全日本。

非洲长跑健将阿贝贝·比基拉蝉联马拉松冠军，并再创奥运会纪录。这位来自埃塞俄比亚一个偏僻山村的农家子，24岁才开始练习长跑，28岁就在罗马奥运会上力挫群雄，勇夺金牌。默默无闻的非洲长跑运动，自比基拉后蓬勃发展起来，并在世界田坛占有重要位置。所以人们都将比基拉比作"报春燕"，是他的出现使非洲长跑运动迎来一个又一个春天。只可惜比基拉未能看到鲜花灿烂的日子便因车祸致残而过早离开人世，当地7万多人参加葬礼。

东京奥运会最使日本人为荣的是，第1次进入奥运会项目的柔道，金牌大都归日本。中谷雄英、冈野功和猪熊功3人捍卫了这一日本"国技"的荣誉。

10月24日，奥运会降下帷幕。东京向世界人民展现了自己的风采。这届奥运会是历史上最成功的一届奥运会。东道主日本为本届奥运会花费了近20亿美元，但日本收益不小。其中最主要一点是东京奥运会给日本带来了国际声誉，提高了在世界上的经济地位。正如东京市长东奈多良所说："在世界大多数人眼里，我们仍在战败国阴影下挣扎。如果不是借助奥运会的魔力，我们也许永远也得不到使我们成为世界贸易大国所需要的海外投资。"

奥林匹克先生的诞生

荣获第一届（1965—1966）奥林匹克先生的拉里·斯科特是健美史上的一颗璀璨明星，他是唯一一位集美国先生、宇宙先生和奥林匹克先生这三项桂冠于一身的人。

拉里·斯科特出生在美国皮卡特罗小城，他少年时期就迷上了健美运动。18岁时，已长成体格魁伟的英俊小伙儿。1958年，19岁的斯科特第一次参加伊达荷健美先生比赛就夺得桂冠。这个胜利使他更想在健美界发展。

后来，斯科特离开父母去洛杉矶上大学，在那里他获得电力工程师的学位。其实，他离家的目的是在洛杉矶能更好地参与健美运动，因为南加利福尼亚拥有全美一流的健身房。

刚到洛杉矶，他去的第一个地方是好莱坞贝特·左德里奇的健身房。这个健身房有一套严格的训练方法，产生了一些早期的著名健美运动员。斯科特成了这个健身房的常客，一些有名望的健美前辈给这个年轻人许多指导，使他受益匪浅。

在洛杉矶，他参加了青年健美先生比赛，获得第三名。比赛后，他的体重又增加了几磅，接着他的体格又发展了，他更希望在舞台上有新的建树。

这时候，他遇到一个对他的健美生涯有决定作用的人——乔·韦德。韦德总是在物色具有健美潜力的年轻人，并且不遗余力地助其成才。韦德发现这位来自伊达荷的年轻人是少有的理想的健美选手。

1960年的一天，韦德请斯科特一起吃午饭，并希望他参加IFBB举办的"美国先生"健美比赛。当时韦德所领导的IFBB和业余的运动联盟（AALL）是互相对立的两个组织，新成立不久的IFBB在势力上不如背景雄厚的AALL，因此，斯科特更倾向于参加AALL举办的美国先生的比赛。斯科特终于有机会见到AALL的负责人鲍勃·霍夫曼。但是，霍夫曼却表现出轻蔑的态度，根本不理睬这位慕名想和他认识的年轻人。于是，斯科特便下决心投向韦德所组织的IFBB。在爱惜人才的韦德的帮助下，斯科特得以大展风采。

那时，IFBB经济上还较困难，韦德是借用位于纽约布鲁克林区的音乐学院的礼堂来举办健美比赛的。众所周知，布鲁克林区被称为贫民区，但是人们并不因此而摒弃他。之后，他戴上了"宇宙先生"的桂冠。

60年代中期，乔·韦德决定要举办一种高水平的健美比赛，将其命名为奥林匹克先生大赛。韦德还制定了比赛标准：运动员只要在某一种健美比赛中夺魁便有资格参加这项比赛。

斯科特回忆说："参加第一次奥林匹亚先生竞赛那天晚上，我选择基督教的《十诫》乐曲作为表演配乐。这个乐曲使我表现谦恭，我认为在比赛中表现得谦虚会更好些。其他人在台上可能，但我不那样做。我到舞台中央减慢感情，观众的情绪节奏起伏波动。我得了第一届奥林匹克先生。1966年我又第二次得了1000美元。同年，我还获得一生中最大的奖赏——我有了30岁的漂亮妻子拉切尔。"

"我开车经过一个公共汽车站时，她站在那儿的倩影在我的视线中一晃，我便觉得那就是我梦中情人。我把车停在她面前，还没来得及和她搭话，她却上了公共汽车走了。我若有所失地去健身房，对伙伴们说，我刚才遇到一个女子，我要和她结婚。人家当我开玩笑，因为我连她姓名都说不出。"

"那天练完后，我决心要找到她。我到那个车站附近挨家挨户去询问，最后有一家商店主人说她大约住在某个街区。我高兴得不得了，嘱咐他再见到她时，务必让她给我打电话。可是我盼望的电话始终都没打来。后来她给了我她工作单位的电话，我和她通过十几次电话后，她终于答应跟我约会。5个月后，我们就结婚了。"

"我和拉切尔过得很幸福。我们有五个孩子，四个男孩，一个女孩，他们的个性很不同。23岁的德雷克喜欢骑摩托车冒险。一天，他在上学路上和一辆汽车相撞，头部受伤，最后在医院里离开人世。这个令人痛苦的事件又带来另一个更痛苦的后果：比德雷克小两岁的迈克受不了亲人离去的痛苦，竟自寻短见，他死在德雷克的墓前，手里握着手枪。一连失去两个孩子，使我们的家庭陷入极度悲痛之中，这个家几乎要崩溃了。17岁的儿子纳旦也常说要寻死。拉切尔想找个家庭咨询医生，但我认为我们能解决面对的问题。终于最后克服了重重困难和痛苦，取得了'健美'事业上的成功。"

怎一个特殊了得

这是一个由世界上70多个国家（地区）4000多各运动员参加的大型运动盛会。但它却很"特殊"，特殊在没有正式奥运会那些竞赛项目，也没有那种剑拔弩张的"火药味"。同时参加比赛的运动员又是些智障者。然而在他们的背后却有着比运动员多得多的人关注。

这种运动会别开生面，令人心情激荡、感慨万千。

如果你想成为一个真正会生活的人，那么，无论何时你都要时刻准备着向命运挑战。当参赛者的亲人们在赛场边上一家餐馆里为他们获胜的孩子庆贺时，人们所洋溢出来的欢乐充分地证实了由弱智人和参加的特殊奥运会是一次为了人生的欢乐，为使人生更加充实，为了显示人生真谛的运动会。

在一百米仰泳决赛中，有一位39岁的美国罗德岛人沃尔特·诺伯斯赫。10年前，他在一次交通事故中失去了右腿及右胳膊。从此他经常躺在床上望着窗外阳光普照的世界而痛苦。经过两年的努力，他得以参加这次运动会，并出人意料地进入了决赛。他躺在起点的水中，凝视着蓝天，等待着那一声枪响。沃尔特感到这是他39年来第一次见到的最美妙的天空。就在这时，枪声在他无准备的情况下响了。沃尔特奋力沿泳道向前划，到一半泳程时，他超过了另外两名选手。他吃力地边保持平衡边把头扭向两侧，对着另两名选手大声喊道："赶上来！快加油啊！"自然，沃尔特非常想当冠军，但他觉得最重要的莫过于能够参赛这件事本身。

来自乌拉圭的游泳运动员爱米莱诺·高姆滋，获胜后打电话告诉他的家人他是50米仰泳冠军。大脑炎的后遗症使他用含混不清的声音大喊道："听见了吗？我得的是金牌。"

乔治·蒂莱莫是墨西哥人。年已23岁，却没有能力去准确理解世上所发生的事情。在家里，他母亲让他去拿西红柿，他总是拿来红苹果。他参加了800米长跑项目，即将起跑时，他大叫："我妈妈在哪儿？"站在跑道边的母亲喊道："跑啊！乔治，快跑！"乔治便以他能有的最快速度跑起来。他的母亲在跑道外随着他跑，并不断鼓励他。突然，乔治站了下来，向他母亲挥手，高兴地笑起来，其余选手很快超过了他。就在这时，乔治对他母亲叫道："您别跟着跑了，我自己能行！"接着，又跑了起来。事后，有人问他的母亲："如果乔治未跑完，你是否会觉得沮丧？"他母亲微笑摇头："不！我带乔治来这里参加比赛之前，告诉他我们将要坐飞机，乔治很害怕。我说不坐飞机，恐怕会失去参加奥运会的资格。乔治问我：'我可以从机窗外抓到一片云彩吗？'我说：'当然可以。'没想到，到了这里，我第一次听乔治对我说——他自己能行！所以，我没有任何理由沮丧。"与此同时，美国佐治亚州篮球队与比利时队正坐在轮椅上进行比赛。在上一场比赛中，由于裁判的失误，使佐治亚队遭到不应有的失败。因此，这场比赛对他们来讲至关重要。在40分钟的激战中，他们奋力拼搏，有的队员把大腿都磨烂了，最后获得了银牌。队员们大笑着，笨拙而不知所措地亲吻拥抱，庆祝他们来之不易的胜利。一名观众事后对记者说：看到他们胜利后的样子，我不禁笑出来，为他们感到幸福和骄傲。

这是一次为期9天的特殊人奥运会，它不同于正规奥运会，它有新的意义，新的色彩，那就是向命运挑战，去体验人生的真谛，成为一个真正会生活的人。

尤莉斯·茜瑞女士，这位多年关心和支持弱智人的现任特殊人奥委会主席在谈到特殊人奥运会时说："在这个运动会上，不存在正规竞赛中令人眼花缭乱的快速飞跑和扣人心弦的无情竞争，它是给予生活在地球上每个角落而又不被人们所注意的弱智者提供一个了解世界、体验正常人生活的机会"。

的确这个运动会的精神是无法否认的，当参赛者亲人举起酒杯，热泪盈眶地为他们的孩子的成功而庆祝时，人们的激动和欢欣都是难以言表的。这充分证实了这种运动会在使弱智人充实自己生活、体验人生的意义。

在观众群里，英国著名演员威廉·亨特在运动场坐了整整两天，观看了各个项目的比赛。他说："确实，满场的运动员都是有缺陷的人，看上去真让人心里不舒服。但如果你把注意力集中到比赛当中，你就会感到所有的运动员都是无可挑剔的。他们有的只是相互的理解和尊敬，每个人都在埋头苦干，丝毫不去计较什么东西。"

在这届特殊人奥运会上，每一位得胜及努力得胜的运动员，都会得到一枚运动会颁发的丝绸制作的红玫瑰。一朵玫瑰价值虽小，但给每位参赛的运动员带来了对生活的渴望，无怪乎他们说："我最幸福的时刻是我手拿红玫瑰的时候。"

的的确确，在夏季特殊奥运会上，每时每刻都能看到运动员所赢得的胜利。尽管他们看上去不那么令人舒服，但他们都以自己独有的方式向人们证明自己是生活的强者。每位得胜及努力得胜的运动员都会得到一枚运动会颁发的用丝绸制作的红玫瑰。当记者问一位荣获三枚金牌的运动员，这三枚金牌是否使他感到了人生最幸福的时光，他大声说："不！是当我手举红玫瑰的时候。"

那么这种特殊运动会又是怎样产生的呢？在世界上首先有聋哑人运动会，1924年8月，根据法国聋哑人体育协会建议，在巴黎成立了国际聋哑人体育联合会，1955年6月国际奥委会承认了这个组织。

联合会的主要任务是办正规的聋哑人运动会。

1924年开始举办了第一届夏季聋哑人运动会。1949年起又增设了冬季聋哑人运动会。

1948年在伦敦奥运会期间，英国斯托克曼维尔瘫痪治疗中心医生吉特曼，为解除截肢人苦闷，他效仿奥运会举办了第一次国际残疾人体育比赛。这次比赛引起强烈反响，因而很快发展为各种伤残者可参加的国际性运动会。

1960年国际伤残人体育联合会成立后，改为届期4年的国际伤残人奥运会。从1960年算起，现已举办过10次，而特殊奥运会，至1987年举办过7次，它同国际伤残人奥运会时间错开并以弱智人为主要对象。这种特殊奥运会，在各国（地区）也举办。如我国香港就已举办了14届。大会宗旨是："让我胜利，若我不能胜利，请让我于尝试中更见勇敢。"

高科技——白色奥运的生命

回顾冬奥会的历史，人们不难发现，由于气候的变化曾使冬奥会出现过多次危机。1924年，国际奥委会委托第8届奥运会东道主法国承办第一届冬季奥运会，会场定在夏蒙尼，为了开这次奥运会法国修建一个新冰场。然而就在开幕式前一周，夏蒙尼地区风雨不停，已经修好的冰场成了一个大水池……1928年，第2届冬奥会在瑞士圣莫里举行，由于气候反常，

10000米速滑被迫取消，弄得美国人满腹怨言，多年之后，仍为此事耿耿于怀。

尤其是1964年因斯布鲁克第9届冬奥会时，阿尔卑斯山地区，突遇58年来未有过的"暖冬异变"。一名奥地利高山滑雪选手和一名英国雪橇运动员由于雪量严重不足，在赛前发生事故，不幸身亡，给整个比赛罩上阴影。

随着科学的不断发展，许多高科技手段不断向体育领域渗透。80年代后，人们已不必再为多年来一直困扰奥运会的"冰雪恐慌"而烦恼。全部由电子计算机控制的人工造雪机已彻底解决了这个问题。

阿尔贝维尔冬奥会组委会为使这次大会比赛达到规定要求，聘请了在人工造雪技术上处于世界领先地位的美国约克公司实施了冬奥史上最大规模的人工造雪。

造雪机把混合压缩的冷空气和水一起喷向天空，压缩空气急剧膨胀，夺去水中的热，水雾降温就变成了雪。随着造雪机扬水管喷出的道道白雾，一瞬间，洁白的雪花从天纷纷降下，山坡披上一层层银装。约克公司还在其中加入一种膨松剂，使造出的雪非常接近天然的雪。而且这种雪还有一个特点，就是在太阳照射下也不会融化。

1980年，日本在琦玉县建成室内雪场。1993年，又在千叶县的船桥市设计制造了堪称世界第一的室内滑雪场——"SSAWS"（一年四季有雪之意）该雪场雪道长490米，宽100米，可供2000人同时滑雪而不感拥挤。每天上午，天棚上100个喷孔均匀地向下喷出人造雪。然后用轧雪机碾轧一遍，以达到与天然雪场同样滑雪条件。

此外，雪场还设有温水游泳池、餐厅、冷饮部等等，满足人们多方面需求，这个雪场可说是划时代产物。

1976年，英国伦敦建成世界上第一个室内人工冰场——水晶宫冰雪。1988年，卡尔加里冬奥会首次将速滑比赛移到全封闭的室内400米标准速滑馆内进行。更是人类为摆脱大自然的束缚而进行的有意义尝试。

一些国家的人工制冷雪橇冰道在20℃时也不会融化，良好的照明设备使冰道在夜间也可正常使用。

在德国，一种用新型材料制造的助滑道，使高台滑雪运动员一年四季都可以进行训练。

在滑冰、滑雪器材方面，几乎所有项目都有不同程度的改进和突破：瑞典研制的电脑冰刀研磨机，仅重25公斤，可以将运动员号码和个人使用要求输入研磨机存储器，只要将冰刀固定在研磨机上，将运动员号码输入，研磨机即可工作，又快捷又方便。美国生产一种新型雪橇，运用先进的电子计算机设计，平滑底部安装滑动悬吊系统，试滑中时速可高达153公里，很好地解决了弯道处的平衡问题。美国还生产一种自热式滑雪手杖，在严寒冬季滑雪不冻手。美国运动员汤姆森使用新式超轻型运动步枪，在现代冬季两项世界锦标赛中，第一次为美国队夺得银牌。

现实已使人们充分认识到，未来冰雪运动的竞争将会逐渐转移到科技竞争上来。

怎一个精彩了得

1984年2月8日，第十四届冬奥会在前南斯拉夫萨拉热窝正式开幕。这次冬奥会共有49个国家和地区参加，这是冬奥会60多年历史上第1次参赛国超过40个。参赛选手1590人。各国代表专家近2千人。国际奥委会也第1次派出11名委员亲临各比赛场担任观察员。萨马兰奇对本届冬奥会给予了高度评价，他认为，本届冬奥会是60年来历史上开得最好、最精彩的一届；是历来最成功的一届。他代表国际奥委会授予本届冬奥会主席米库利奇1枚金质奥林匹克勋章，在现代奥运史上，获得此殊荣的屈指可数。

本届冬奥会，民主德国以9枚金牌、9枚银牌、6枚铜牌的战绩，首次超过一直占据冬奥会霸主地位的苏联，位居第一。

萨拉热窝是前南斯拉夫联邦波斯尼——塞尔维亚共和国首府。城市群山环抱，海拔630米，风景秀丽，该城始建于1263年。萨拉热窝城外积雪半年不化，有时5月还有雪花飘落，是良好的滑雪场所。

自从获得主办权后，萨拉热窝新建了奥运村，整修和扩建了科索沃体育场，新建了泽特拉奥林匹克体育馆天然冰场和人工制冷速滑场，又增建了滑雪设施和雪橇滑道。萨拉热窝出色的准备工作，受到各国一致好评。

2月9日，各项比赛拉开战幕。可天不作美，风雪交加。德国女将在女子速滑中获得空前胜利。包揽了全部4项金、银牌，有人戏称：本届女子速滑无异于"德国锦标赛"。其中卡林·因克，一人独得2枚金牌。并创造了本届速滑比赛唯一的一项世界纪录。

花样滑冰的男子单人滑金牌，被美国的汉密尔顿获得。25岁的汉密尔顿，身高仅1.59米，不是理想的花样滑冰运动员体型，也曾受到别人的嘲笑，但他用辛勤的汗水和刻苦努力弥补了自己不足，俗话说：勤能补拙。正是这样，在比赛中，观众的心随着他优美动作一起跳动，一起旋转，他终于走上了冠军领奖台。

天生丽质、漂亮迷人的德国姑娘维特，获得女子单人滑冠军，成为继挪威的索佳之后，女子花样滑冰又一颗明星。

在伊格曼山滑雪场，真正的英雄当数芬兰28岁的女选手海曼莱宁。她首先在10公里赛中获金牌，接着在5公里赛中再次夺冠。随后又在首次列入冬奥会的20公里赛中获胜，成为该项目第1个冬奥会女冠军。紧接着又和队友合作，在接力赛中获铜牌，海曼莱宁以3枚金牌1枚铜牌的成绩成为冬奥会滑雪史上第1个取得这样成就的运动员。

冰球比赛，苏联队经过苦战，又夺回了上届失去的冠军。

在隆重的闭幕式上，东道主安排了一个别开生面的节目。4个扮成"韦茨科"（尖鼻狼，本届吉祥物）和2个扮成"小熊"的（下届吉祥物）运动员紧紧拥抱在一起，象征着友谊和团结，标志着萨拉热窝冬奥会已胜利结束。1988年，在加拿大的卡尔加里将再次燃起冬奥会圣火。

中国运动员的成绩比上届略有提高，但仍无一人进入各项前6名。

手拉手在汉城

天空闪耀火光，我们的心在一起跳荡，

时刻来到，快快奋起。

全人类世世代代友好同生活，共成长；

每当我们出征，熊熊的烈火燃烧在我们胸膛。

伸出双手向蓝天，

黎明宁静，让我们和平共生存；

我们手拉手，友谊传四方，

让生活一天天更美好、更欢畅；

我们手拉手、友谊传四方，

冲破一切阻挡，让爱在旗帜上永飞扬。

这是汉城奥运会开幕式上由4名韩国女歌星用四重唱的形式演唱的奥运主题歌《手拉手》的歌词。舒缓、圣洁的旋律、深情动人的歌词深深地打动了战胜两次大抵制终于在汉城团圆的世界奥林匹克大家庭，同时也在观众中引起了强烈的共鸣。此时，天上飘起了如丝的细雨，它如同宇宙苍穹为奥林匹克运动执著的追求而洒下感动之泪——洗去了尘埃喧嚣，拂去了历史的悲叹……。

从蒙特利尔到汉城，奥林匹克运动经过12年的艰辛跋涉，终于在国际政治局势日趋缓和的大背景下从分裂走向统一；奥林匹克大家庭各成员在苦苦期待12年之后，终于得到重新同场竞技的宝贵机会。在漫长的期待中，多少非凡的体育明星或挂着含金不纯的奖牌抱憾终生地告别了奥运赛场；或空有一身横溢的才华，却无法去拼搏、角逐；积蓄了12年的能量，压抑了12年的渴望，绝不轻易善罢甘休……于是到"汉城去！"就成了各国运动员最激动人心的口号。

美国派出612人庞大队伍，苏联派出了518人最强阵容，韩国派出创纪录的467人……160个国家或地区选手云集汉城一决雌雄。

1988年9月18日，汉城射击场枪响牌落，随着苏联气步枪选手契洛娃摘走第24届奥运会第一枚金牌，汉城奥运会大战打响了，以契洛娃为夺标开端，汉城卷起了不可阻挡的"东欧狂风"，东欧选手身影频频出现在各项比赛领奖台上。东欧各国首先夺走9个男子射击项目中的7枚金牌。4个女子项目中的3枚金牌。然后在自行车、摔跤、皮划艇、体操、艺术体操、游泳等项目中屡夺桂冠。阔别奥运会已有多年的东欧选手以饿虎扑食之势直扑汉城奥运会奖牌。他们共夺走全部241枚金牌中的118枚，比例高达金牌总数的48.9%。他们的攻势逼得美国及西欧选手节节败退。"东欧狂飙"刮得各国观众目瞪口呆。

从某一方面来说，汉城奥运会最伟大的明星是一位来自德国的姑娘，这位具有雕塑美感的女子叫奥托，22岁，她以胜利女神般的魅力和典雅、沉静的气质征服了汉城观众。她在汉城奥运会独得6枚金牌。被国际奥委会授予"奥林匹克金质皇冠"。令人惊奇的是她在三种泳姿（自由泳、仰泳、蝶泳）中夺冠，这是有史以来第一次。

奥托出生于1966年2月7日莱比锡大学一个教师家庭。9岁那年，一个偶然机会诱使这个金发小丫头喜爱上了游泳。她结识了另一名未来泳星赫尔纳，参加几年初级训练。她出色的身体条件和良好的心理素质引起教练注意。

体育科研所专家们对奥托进行了全面分析和测试，认为奥托是未来的超级明星苗子，于是被送到莱比锡体育学院著名教练海策手下接受重点培养，15岁那年，奥托开始在德国全国比赛中崭露头角。第2年就在世界游泳锦标赛上勇夺3枚金牌。然后1984年5月，几乎是在洛杉矶奥运圣火熊熊燃烧的同时，奥托在训练中受重伤，停止训练9个月，接踵而来的打击，使从未遇到过重大挫折的奥托有些支撑不住，在最艰难的时刻，父母、教练、队友伸出温暖的手，给她以温情和抚慰，用真诚和爱心帮她走出低谷。伤愈后她以加倍苦练迎接奥运会。

奥托在汉城奥运会后退役，她学的是电视新闻，并成为一名体育记者。

汉城奥运会最激动人心的时刻，自然是刘易斯和约翰逊之间的"世纪大战"。9月24日中午，整个汉城笼罩在决战的紧张气氛之中，能容纳75000人的田径场看台爆满。摄影记者高档摄影机犬牙交错地沿百米跑道足足摆了70多米长。国际赌博集团所下赌注在层层加码。刘易斯的母亲和妹妹在看台上双手捂着脸，不敢观战，约翰逊的母亲根本没敢到场。13时30分，决战打响，刘易斯虽跑得很好，但因起跑落后，最后败给约翰逊。然而，9月27日上午，汉城奥运会爆出震惊全世界丑闻：约翰逊被查出服用兴奋剂，金牌被没收。苏联男子篮球、撑竿跳高布勃卡、艺术体操都成绩突出。加拿大选手在花样游泳表现突出。美国跳水"空中皇帝"洛加尼斯在比赛中受伤，但仍卫冕成功。

本届奥运会，德国以37枚金牌、35枚银牌、30枚铜牌的优异成绩，再次蝉联"奥运霸王"的宝座，令美国人垂头丧气，沮丧至极。

汉城霹雳

　　1987年9月在罗马举行的第二届田径锦标赛上，最引人注意的是谁将成为世界第一号飞人，是加拿大的本·约翰逊，还是美国卡尔·刘易斯？

　　上届男子100米冠军刘易斯自1980年以来共与约翰逊交手13次，战绩是8胜5负。但1986年却3次败于约翰逊的手下。为了在本届锦标赛上一比高低，两人都磨刀霍霍。美国、意大利、法国等地报纸都把约翰逊、刘易斯之间比赛称之为"世纪之战"。在激动人心的决赛中，约翰逊随着发令枪声，像子弹一样，一下超过其他人1米多，尽管刘易斯奋力追赶。但为时已晚，约翰逊领先2米距离冲过终线。当巨大的电视屏幕上显示出9秒83和世界纪录大字时，全场沸腾，观众为这具有历史意义的纪录热烈鼓掌欢呼。

　　本·约翰逊，原籍牙买加，15岁时举家移居加拿大的多伦多市。他自幼喜爱体育运动，身体素质好。在中学时100米跑就达到11秒。约翰逊的体育天赋被田径教练查尔斯弗朗西斯发现并及时吸收到田径队。在教练的精力培育下约翰逊进步非常快。他起跑姿势完美，疾跑重心低，途中跑的步频、步长、步速都达到相当高水平。弗朗西斯教练称他是"一颗纯钻石"。1986年以来，约翰逊连续两年保持世界最好成绩，两次创室内60米和一次50米世界纪录。他的目标是在1987年刷新美国选手史密斯保持的9秒93的世界纪录，现在他如愿以偿，一下子把100米世界纪录提高十分之一秒，这在短跑史上是奇迹。

1988年汉城奥运会第2天,韩国大报《东亚日报》头版头条公布:世界21家最大通讯社一致认为:本届奥运会最大的热门是约翰逊、刘易斯的世纪之战。约翰逊、刘易斯也挺能凑热闹,他们重复罗马大战的故伎,虽未正面交锋,但各自言辞亦是刀枪碰撞,火星四溅。

1988年9月24日下午2点,向来空着大半的蚕室体育场座无虚席,几千名记者早早赶来,以便亲睹刘、约大战的壮观情景。

这场决战对刘易斯、约翰逊来说至关重要。名誉,金钱全部都同那块百米金牌系在一起。刘易斯同日本美津浓等企业签约,若获金牌他们将付给他1500万美元的赞助费及奖金;约翰逊则同意与意大利迪埃多纳公司及其他20余家商社订合同,若金牌由他夺得,赞助及奖励数字也不会少于日本给刘易斯的数目。

更重要的是这场比赛由于新闻界的过度渲染,已超出了刘、约二人之争的范围,已牵扯到国家的荣誉和自尊心。刘易斯如果获胜,这将是美国在过去奥运会上第10次夺得100米桂冠。如果约翰逊获胜,则将是加拿大几十年来第2次在奥运会100米赛中夺魁。

在万众欢呼声中的约翰逊、刘易斯同其他几位地球飞人站到了起跑线处。约翰逊神态自若,非常镇静。相比之下刘易斯有点紧张,他不时地甩甩胳膊、蹬蹬腿,并大口大口呼气。他原来声称要穿黑衣服上场,以纪念他不久逝去的父亲。而实际上他穿的是却是一身红。

刘易斯先试跑了六七米,约翰逊见状似乎不甘心,紧接着也跑了十来米。

坐在看台上的刘妈妈闭上双眼不敢观看;而约翰逊老母却根本不去赛场,只是告诉儿子:"要跑出9秒78"——口气何其大矣!

2点30分,一声枪响,8条汉子就像8发黑色子弹同时射出,领头的正是约翰逊。他一开始就快刘易斯半步,待到终点时已将刘易斯甩下1米开外,其他几位更不在约翰逊话下。

9秒791!巨大的电子钟显示出人类赛跑史上从来没有过的奇迹。比约翰逊老妈预言的9秒78的世界纪录仅差0.01秒。

蚕室体育场爆炸了，世界爆炸了！约翰逊举手欢庆。刘易斯开始有点拘谨，但他很快恢复正常，并趋身上前同约翰逊紧紧握手。

新闻界纷纷发表高见，对约翰逊大加赞赏。认为他是一位兵不厌诈的战略家，称约翰逊用自己的体能否定了人类体能极限；用智慧创了人类进步的轨迹。

评论家们也发布研究报告，说刘易斯失败败在身体紧张，就是他后来竟踩着第4跑道的白线跑，就令人难以想象。天下最有经验的飞毛腿，居然跑起斜线来。如此一直一斜，岂能不输！

当约翰逊在前呼后拥的向记者宣布，我的记录在50年内无人能够打破时，世界响起一片赞叹声。

然而，有一个人，就是刘易斯说什么也不服气："我自始至终一直很轻松，不过我的起跑不好。9秒79没什么了不起，我相信我有能力超过他很多！"然而不管怎么说，这次与4年前的洛杉矶奥运会不同了，在领奖台上，约翰逊站在了最上头，刘易斯只得了个第二。

不料事有猝然突变：9月27日一清早，韩国电视台宣布，约翰逊服了违禁药品。这一消息如同晴空响起了一个大炸雷，炸得大家张口结舌。上午的新闻中心一向是冷清的，这天却涌进了几千名记者，前来听取国际奥委会这项重要决定。

上午10时整，国际奥委会新闻主任米切尔女士宣布：因为约翰逊服用一种类固醇药物而将其百米跑世界纪录取消，金牌收回。她说，这种药物可使运动员的肌肉和力量增加，但会影响运动荷尔蒙平衡，产生副作用。男性服用会变得性格暴躁，秃顶和易产生性侵犯行为等等。

这时人们才恍然大悟：约翰逊那身可与"掷铁饼者"相媲美的肌肉，原来是用茶熬出来的。

约翰逊本人不承认自己服用了兴奋剂。加拿大体育代表团也发表声明，声称约翰逊是受了别人的陷害。但国际奥委会否定了他们的说法。

记者招待会上，萨马兰奇发表书面讲话，忿怒地谴责这种罪恶行为，称这是一种欺骗。

是的，约翰逊欺骗了世界。显然是由于理亏，他在接到取消他金牌资格的通知后，即狼狈而走，于27日晨乘飞机离开汉城取道美国回国。他本来是可以受到英雄凯旋式欢迎的。而如今只能含羞愧无声无息地回到家中。

冬奥会展现绿色生机

人们不会忘记，本应在美国丹佛市举行的十二届冬奥会由于该市民众担心举办冬奥会破坏环境，而反对在丹佛市举行，致使本届冬奥会不得不移地进行。

1987年6月，加拿大卡尔加里冬奥会举行前夕，当地一个印第安人部落扬言，如果修建滑雪场而破坏他们祖辈赖以生存的狩猎场，他们将破坏冬奥会。

1992年，正当第16届冬奥会开幕前夕，在阿尔贝维尔所在萨瓦地区，突然发生雪崩，雪崩时该地一片混乱，狭窄的山谷公路上，汽车首尾相接、交通堵塞，成千上万的人来此度假，惊慌失措地住到野外小棚屋里。环保专家指出：这一切都是由于对环境破坏造成的。萨瓦地区滑雪场林立，造成了严重的生态失衡。

人类在自身发展的同时，已越来越多地意识到保护生态环境的重要。

1992年1月4日国际奥委会在法国举行98届会议，萨马兰奇在开幕式中指出："国际奥委会未来最关心的问题将是奥运会举办地的环境不受破坏，保护环境问题对国际奥委会来说，就像同使用违禁药物做斗争一样重要。"

当第十七届冬奥会将在利勒哈默尔举行时，素以治理、保护环境而闻名于世的挪威，决心把冬奥会办成一届"保护环境的冬奥会"，为此利勒哈默尔打出一手漂亮的环保牌，赢得世界人民的齐声赞美。

景色秀丽迷人的利勒哈默尔是挪威著名的艺术城和旅游胜地。该城位于挪威中南部，距首都奥斯陆仅180公里，素有"滑雪摇篮"之称。城内有许多18世纪建造形式各异的小木屋和鹅卵石铺成的街道。在这里，驯鹿和驼鹿随处可见。北极光、冰雕和森林是这里的特色。

利勒哈默尔冬奥会组委会竭尽全力地贯彻着环境保护主题：崇尚生命和环境，渴望与美丽的大自然和谐相处，返璞归真。人类的文明正在悄悄地吞噬着人类自己。

本届冬奥会几乎所有比赛场馆都是新建的，共耗资73亿挪威克郎，约9.6亿美元。为保护环境这里还特别规定所有施工人员在场馆建设中，若擅自破坏稀有保护标志的树木，将受重罚。

在利勒哈默尔以北茂密的森林中，人们几乎难以发现在这里还藏着一条供雪橇比赛用的冰道，规划者的用心也是为了不破坏环境，在修建雪橇冰道时，组委会明文规定如未经许可砍倒树木，每棵树将罚款7000美元。本届冬运会新种植的树木总数远远超过了因需要而砍伐的树木。

许多建筑都非常巧妙地避开"生态敏感区"。

在利勒哈默尔以南50公里的耶维克，挪威人巧妙地在山肚子里开凿隧洞，建成了一座供冰球比赛用的体育馆。

坐落在挪威最大的莫加沙湖畔的奥林匹克滑冰馆，形状酷似一条倒扣在岸边的木船，四周弯弯曲曲的台阶恰如湖中的涟漪。别名"海盗船"滑冰馆。它的冰面滑度极佳，在本届冬运会前就在这里诞生了6个速滑世界新纪录。冰场的人工制冷采用了无污染的化学原料。当初修建时，为避开附近一个野鸟保护区，施工人员多次修改方案，将滑冰馆后移200英尺，并将入口处改到另一边。在滑冰馆内使用了世界上最长的木头梁，这种高科技已成为挪威出口技术。

利勒哈默尔奥林匹克公园内的哈孔体育馆更认为是世界建筑和安装业上一个奇迹。它拥有世界上最先进的供暖系统，甚至连淋浴用过的热水经过循环后，马上重新利用。

为了保护环境，挪威人可以说煞费苦心：点燃主体育场的火炬，是从各种蔬菜中提取的植物油做燃料。

用土豆泥加工制成餐具，大会结束后可粉碎做成动物饲料，而不至于当作垃圾扔掉。

采用高科技手段，将现代冬季两项中射击后的铅弹回收，以减少对环境的污染。甚至本届冬奥会的奖牌也用石头制作，领奖台则用冰雕琢而成。

为避免山野林间的麋鹿在冬奥会期间受到游人的惊扰，组委会还专门组织人投放食物饵料。

组委会还号召利勒哈默尔市民在冬奥会期间步行或骑自行车上班，以减少汽车尾气的污染。

本届冬奥会还禁止一切赛场吸烟，对赛场外吸烟也有规定。在赛场附近严禁销售各种香烟。每张门票背面都印有禁止吸烟、酗酒、乱扔杂物的禁令。这是本届冬运会的一大创举，在奥运史上成为首届"无烟奥运会"。

挪威环保大臣贝恩特森在欢送各国参赛者发表讲话说：希望每一个参加利勒哈默尔冬奥会的运动员回国都能带回去这样一个信息：本届冬奥会的真正胜利者是大自然，挪威人为减少地球污染做出了贡献，让我们共同为还地球以绿色而努力！

组委会为使下届冬奥会继续宣传保护环境，组织由挪威、日本、美国、俄罗斯4国6人"环境问题使节团",乘坐40只狗牵引的4只雪橇,经寒冷的西伯利亚雪原,行程1.6万里,于1995年秋季到达日本长野(第十八届冬奥会主办城市)。

奥林匹克的罗曼蒂克

自古以来,世界上许多国家和民族都有类似"摔跤择婿""比武招亲""射箭选夫"之类的习俗。它在一定程度上反映了人类繁衍后代的一种自然规律。

到了近现代,这种习俗虽有一定程度的改变。但人们选择配偶时,愈来愈重视身体健壮这重要条件并未变。在现代世界体坛上涌现出许多美满婚姻,有的突出的人物在世人中还广为流传。

格林科夫和戈尔捷耶娃的婚姻是一个被世人称为冰上王子的生死恋。

一代冰舞巨星格林科夫走了,走得如此匆忙。他的突然去世给冰上恋曲画上了最后一个音符。

1995年11月25日,对艾卡特琳娜·戈尔捷耶娃来说,是她整个生命中最长的一个星期中的最长的一天。起初,为了不使周围的人过于难过,她强忍着内心巨大的悲痛,甚至还去安慰一旁的亲戚朋友。但最终她再也无法控制自己,悲伤的泪水止不住地涌了出来,在场的人无不为之心碎……

"他们滑冰时你可以看到存在于他们之间的那种力量。"从美国赶来的1992年巴塞罗那奥运会亚军保罗·威利在葬礼上这样说道,"在整个表演过程中他们的目光从不离开对方,没人在双人滑时会这样做,因为滑冰时看着别人的眼睛很容易分神，而他们却是例外，他们做得是那么自信，那么和谐。"

"你可以看出他们是如此互相深爱着对方，看着他俩，你会希望自己也能拥有这样一位与你心心相印的爱人。我们所有的人都希望能找到这种感觉和这样美满的生活。因为真正能做到这一点的人并不多。"

格林科夫和戈尔捷耶娃是体坛最幸福的一对，也是世界公认的双人滑中最出色的一对，一天24小时他们厮守在一起，天天如此。

戈尔捷耶娃永远是那么充满活力，过去的岁月中，尤其是两人在美国期间，公开场合，她是丈夫的翻译和代言人，而在生活中她则是一家之主。

戈尔捷耶娃的表演动作自然、流畅，而格林科夫则是整场表演的核心人物。腼腆而文静的他始终控制着整个局面：当他带着她飞旋，她的头掠过冰面时，观众会不由自主地发出惊叹声；而当他将她安全地拽回身边时，随之而来的又会是阵阵的赞叹声。

美国著名教练的翰·尼克斯在评价这对夫妻选手时说：

"他们真正具备了双人滑运动员所具备的一切条件。除非亲眼所见，否则你可能不相信像格林科夫这么一个身材在滑过冰面时居然听不到一点声音。不管冰面条件如何，你所听到的只有悠扬的音乐声。他们滑得是如此自由自在，技术是如此娴熟，他们是最完美的一对。"

他们从1981年开始配合练习冰舞，那时，格林科夫14岁，戈尔捷耶娃10岁。一开始他们表演时像兄妹，给人的感觉是有点不大般配。但他们的力量和娇美经常创造出一些从未有人试过的戏剧性动作，从而将体育与艺术有机而巧妙地融为一体，给人以美的享受。

在戈尔捷耶娃之前，格林科夫曾与其他女孩约会。直到1989年，他忽然发现与之携手表演数年的女孩已经变成了一个成熟漂亮的姑娘，而这个小女孩则长时间以来一直倾心于他，期待着他能早早地发现这个变化……

从那时起，他俩场上场下一样亲密无间。两年后，他们结婚了；又过了一年半，他们有了一个可爱的小女儿，并为她取名为达莉娅。

在1994年利勒哈默尔冬奥会上，国际冰联做出新规定，职业选手可以参加奥运会。因而他们有机会再次冲击奥运会冠军的宝座。刚开始听到这个新规定时，他们还争论过是否应该重返奥运会。最终他们决定开赴利勒哈默尔，体验一下作为成年人和为人父母后再夺金牌的感受。

戈尔捷耶娃说，"以前我很年轻，什么也不懂。现在我有了丈夫，我知道我女儿会在电视上看我。所有这些使我感到非常紧张，但也很兴奋。"

比赛结果一如他们所预料的那样，他们成为所有参赛的前世界冠军中唯一保持住金牌的职业选手。他们以贝多芬《月光奏鸣曲》为背景音乐，整套动作完成得和谐流畅，风头出尽，被誉为"冰上金童玉女"。

此后，他们又回到团里，继续进行巡回表演，并举家搬到美国康涅狄格州的锡姆斯伯里。在此之前，他们已在坦帕买了房子。

11月20日这天，在普莱西德湖，格林科夫和妻子正在排练他们的动作。他有点高血压，还有比较严重的腰部疼痛症，并已引起左腿轻微的麻木。但表面上看去，他似乎并无任何不适。他一直在担心12月底在随团外出表演前，尚有几个托举动作还未练好，所以想趁今天这个机会抓紧时间练练托举。

当戈尔捷耶娃流着泪从滑冰馆冲出寻求帮助时，其他人还以为是格林科夫的腰疼病又犯了。但问题不像他们想象的那么简单，事实是，他的心脏出了大问题。

尸体解剖表明，通往格林科夫心脏的两条动脉均已阻塞。另外，在他生命的最后24小时内有过一次未被觉察的心力衰竭。他的家庭有心脏病史，他父亲40多岁时就死于心脏病，而他又不幸受到了遗传。

"人们很难接受这个事实，"表演团里的威利说，"我们已在一起表演了好几年，就像一家人一样。而这里，普莱西德湖，是每年感恩节我们都要来的地方。"

戈尔捷耶娃在整个葬礼过程中比较镇定，但这仍掩盖不了她内心深处无比的悲痛。她的心在流血，为过去他们曾经拥有或尚未拥有的一个又一个梦。

1997年10月4日，曾经成功地举办了第二十五届奥运会的西班牙北部名城巴塞罗那再次披上了节日的盛装，成千上万的市民和从首都赶来的游客一大早就来到巴塞罗那大教堂和附近的广场，等候将要在这里举行的皇家庆典——公主克里斯蒂娜与职业手球运动员伊尼亚齐·乌丹加林的婚礼。

上午11时整，手捧鲜花、身披白纱的克里斯蒂娜公主在父王陪伴下，乘坐那辆只在国庆日和其他重要节日才使用的劳斯莱斯超豪华轿车从阿尔韦尼斯别墅缓缓驶来。这时，大教堂周围和前面的广场早已挤得水泄不通，新娘、新郎光彩照人的幸福面孔，不时引起人们的啧啧赞叹和欢呼。在里卡特·玛丽亚·卡莱斯大主教的主持下，一对新人正式缔结百年之好。随后，新人在皇家仪仗队的护卫下绕城一周，最后来到塞蒙饭店，接受应邀赴宴的1500名客人的祝福。

巴塞罗那是地中海海滨重要的港口和商业中心，历史悠久，文化发达，1992年的夏季奥运会更使它声名鹊起，备受瞩目。然而，深受国王卡洛斯宠爱的小公主克里斯蒂娜把这里选作爱巢，却别有原因。

生性活泼、酷爱运动的克里斯蒂娜从儿时起就常来巴塞罗那度周末，迷上帆船运动后，更把这里当成了理想的训练场所。这里不仅有大海和蓝天，更有一大批志同道合的朋友做伴，在这里，她不必担心记者们的纠缠，可以不施脂粉、身着牛仔服或宽大舒适的长裙，像普通人一样沿着小巷散步；也不必受烦琐的清规戒律和多种礼节的限制，与大家一起你我相称，一起在咖啡馆吃早餐，一起去比利牛斯山和卡塔卢尼亚乡村旅行。巴塞罗那城没有把她当做公主，而只作为普通市民来接待，她感到惬意极了。

在这个作为卡塔卢尼亚文化中心的千年古城里，克里斯蒂娜潜心学习，先后拿下政治学和心理学专业的大学文凭，从而成为西班牙王室获得高等教育毕业证书的第一人。而后她又远渡重洋，来到纽约攻读国际关系史，同时进修英语。在那里，她与另一位西班牙女学生合住一套公寓，过着普通人生活。尽管上街时会有私人保镖远远相随，公寓里有人专门替她打扫卫生、洗衣做饭，但她要自己理财，自己安排业余时间和社交活动。她很高兴做这一切，乃至毕业之后，仍不打算回国，又继续到巴黎学习了一段时间。

眼看自己的千金已年届而立、却依旧名花无主，国王及王后心急如焚。每当女儿回到马德里，他们总要有意无意地安排一世家子弟与她见面，其中包括比利时王储。而克里斯蒂娜对家人的这种苦心漠然置之，她的心依然放在那些喜爱体育运动的朋友身上。

幸运之神终于来临，自从认识了伊尼亚齐·乌丹加林，克里斯蒂娜的生活便掀开了崭新的一页。伊尼亚齐·乌丹加林1968年出生在吉普斯夸省，在7个兄弟姐妹中排行倒数第二。由于当工程师的父亲工作调动，全家迁移到巴塞罗那，伊尼亚齐开始在一所基督教会学校就读，那里的教师很重视体育，他对手球运动的爱好就是从那时培养起来的。16岁时，全家又因父亲工作的原因迁往维多利亚省，而此时他已长成身高1.97米、体重102公斤的棒小伙，被当地的手球队看中。从此他走上职业运动员的道路。

伊尼亚齐与克里斯蒂娜公主相识于两年前的亚特兰大奥运会上。回到巴塞罗那，在西班牙手球队举行的为夺取铜牌的庆功会上，经西班牙奥委会副主席阿尔弗雷多·戈耶内切介绍，运动员们与前来祝贺的公主结识，其中就有伊尼亚齐。两人一见钟情，在随后的几个月里关系迅速升温，并很快难舍难分，开始谈婚论嫁。

　　自从认识了克里斯蒂娜公主，伊尼亚齐的生活发生了很大变化，用他自己的话讲，他"开始生活在童话故事里"。手球训练吃起了小灶，不再同别人一起进行；电话时常被打断，因为"公主要打电话过来"；那身灰色的旧西服受到冷落，被一件又一件更华丽、更时髦的新衣挤到一边；过去那些曾一起吃喝、跳舞、打打闹闹的伙伴摇身一变，成了他的保镖。可是，生活在童话世界里的白马一下子并不感到舒服，他自称像是生活在金鱼缸里，"时时处在别人的目光之下，无处藏身"，这常使他黯然神伤。

　　尽管如此，有情人终成眷属毕竟是段佳话，更何况是在曾经举办过奥运会的地方；一对参加过奥运会的金童玉女因庆祝胜利而喜结良缘，就更带有戏剧色彩了，难怪有人把他们的结合誉为"奥林匹克婚姻"。

　　婚后的日子是甜蜜而又平静的。作为职业球手，伊尼亚齐每年的收入达2000万比索之多。除满足生活所需外，他还有相当部分余钱。不久前，他与人合伙开了家餐馆，并打算2000年以后就结束体育生涯，一心经商。

　　克里斯蒂娜仍然不愿仰仗王室的福荫过锦衣玉食的生活。从国外留学回来后，她先是通过联合国教科文组织秘书长的帮助，在该机构找到了一份差事，后来又转到凯萨基金会的造型艺术部工作，每月领取20万比索的薪水，成为西班牙王室第一个挣工资的人。工作之余，她仍然喜欢到那个名叫"罗莎葡萄园"的小馆喝一杯加牛奶的热咖啡，或是到书店里挑选苏珊娜·塔玛罗或索埃·巴尔德斯等女作家的新著。当然，大部分情况下她不再是独往独来，她的身边已有了一位须臾不离左右的护花使者。

女子800米跑的故事

从1896年的首届现代奥运会起，田径运动始终在赛场上空高奏着主旋律。当时，第一届现代奥运会在雅典新建的大理石体育场上，清一色的男子运动员争夺着12个项目的冠军，按照现代国际奥委会第一任主席，希腊诗人泽·维凯拉斯的说法是为了维护古希腊奥运会的传说，女子是不能进入神圣的奥林匹克赛场的。现代奥林匹克运动之父埃尔·德·顾拜旦男爵也竭力反对女子比赛的项目进入奥运会。

1912年，当国际业余田径联合会成立后，该组织的官员也长期拒绝开展和组织女子田径比赛，尽管法国等国家一些体育组织曾为奥运会增设女子田径项目而做了多方面的努力，但均未如愿。于是，为了深入开展女子体育运动，一个国际性的女子体育组织——国际女子体育联盟应运而生了。这个组织是在法国的梅阿利夫人积极奔走和倡导下于1921年在巴黎成立的，第二年还成功地举办了第一届世界女子田径运动会，比赛设8个径赛和4个田赛项目。4年后，在瑞典奇德堡又举行了第二届。这两次运动会的召开，使女子田径运动的成绩得以充分显示，这迫使国际田联不得不做出新的考虑。1926年的荷兰海牙会议，国际奥委会正式决定在1928年的第九届奥运会上增设女子田径项目的比赛。

100米、800米、4×100米接力、跳高、铁饼五个女子田径项目首次在1928年荷兰的阿姆斯特丹市举行的第九届奥运会上亮相，引起了观众的浓厚兴趣，特别是当时被称为长跑项目的800米比赛，报名参赛的来自13个国家的25名选手。德国25岁的林娜拉德克·巴绍尔夺冠声最高，一个月前，她跑进了2分20秒大关，成绩为2分19秒6。

8月1日，天公不作美，下着雨，800米预赛分成三个组在阿姆斯特丹新建的奥林匹克体育场进行，拉德克·巴绍尔和加拿大的珍·汤普森的成绩领先。第二天，雨过天晴，各组的前三名进入决赛，9名姑娘上场后相互拥抱、亲吻，但站在起跑线上个个神情紧张。枪响后，排在里道的日本选手人见绢枝冲在前面，这位东方姑娘两个月前刚以5.98米的成绩创下了女子跳远的第一个世界纪录，因为本届奥运会不设女子跳远的项目，她只得改跑800米，半圈后，两位德国姑娘拉德克·巴绍尔和道林不甘示弱先后超到了前列。第二圈开始，由于前段的跑速过快，运动员的体力已明显下降。巴绍尔有耐力优势，她以有力的冲刺率先到达终点，成绩是2分16秒8，国际田联把这个成绩列为女子800米的第一个世界纪录。人见绢枝虽然后劲较足，进入最后一个直道还拼命追赶，但最后只能以0.8秒的差距屈居第二名。

然而，当运动员跑过终点后，观众看到的是另一番景象——这些姑娘们一个个地趴在草地上，（有三名运动员早已在中途退了场）。为了接受记者的采访和拍照，冠军拉德克·巴绍尔费了好大劲才爬了起来，此时，惨不忍睹的场景成了第二天各报的特大新闻，人们把它当作一个"事件"来加以渲染。

8月6日，国际田联就此"事件"召开了紧急会议，对女子800米项目的设置展开了争论。原来就持反对意见的一些官员指责不该让"身体结构虚弱的女子参加这种要命的比赛，有的代表干脆提出取消全部女子田径5个项目的比赛，也有人认为"取消800米跑是对女子的侮辱"，还有人提出把800米改成500米或400米的跑。最后，同意取消的意见占了绝对优势，从下届奥运会起废止800米的比赛。

历史向前跨过了32年，其间，女子中长跑运动仍在深入开展，人们曾做过各种努力，在遭到一次次的否决之后，女子800米终于重见天日。

1960年9月6日，在罗马举行的第十七届奥运会上，女子800米重新被列入比赛项目，然而这次比赛是在一片欢呼声中进行的，当年的冠军拉德克·巴绍尔已经57岁了，她也兴致勃勃地坐在观众席上，观看新一代的竞争。

这次奥运会大赛前夕，苏联26岁的运动员柳德米拉·谢芙佐娃·留辛科把800米的世界纪录提高到2分4秒3，她挟着创造世界纪录的余威到了罗马赛场，与另外26名选手争夺这块具有历史意义的金牌。在四个小组预赛中，除了二名选手外，其余25名选手全部超过了2分16秒8的奥林匹克的纪录，其中年仅18岁的澳大利亚姑娘蒂·维莉亚丝还创下2分5秒9的世界青年纪录。第二天的决赛更是精彩激烈，9名选手一直拼到最后一个直道，谢芙佐娃平了自己保持的世界纪录摘取金牌，澳大利亚另一位选手勃·琼斯以0.1秒之差得到银牌。

四年后的东京奥运会，对女子的体能提出了更高的要求，女子800米的比赛又增加了半决赛，这样，要夺金牌，必须经过三个轮次的拼搏才能达到。

此后，1972年在慕尼黑的第20届奥运会上，36名姑娘又出现在1500米起跑线上，争夺更长距离跑的金牌。结果苏联29岁的选手柳德米拉·勃拉金娜在预赛、半决赛、决赛中三破世界纪录，最后以4分1秒4的成绩夺魁，成为奥运史上该项目的第一个冠军。

进入80年代，女子体育成绩的迅速提高已经大大地超过了人们的预料，国际奥委会讨论决定把超长距离的马拉松跑和3000米列为1984年第23届奥运会女子比赛的正式项目。27岁的美国选手琼贝诺瓦成了奥运史上第一个马拉松女王。3000米的金牌被罗马尼亚34岁的体育教师玛丽西卡·普伊卡夺走。1988年的汉城奥运会，苏联的奥·邦达连科又在新增设的女子1000米跑中夺冠。

至今为止，奥运会的女子中长跑项目已由原来的800米增加到1500米、3000米、10000米和马拉松五项。

奥运会第一个马拉松女冠军

1984年8月5日，奥运会女子马拉松赛已接近尾声。美国运动员琼·贝诺瓦尔步伐矫健，神态自若，最先跑进通往洛杉矶纪念体育场的甬道。甬道长80码，墙上爬满了常青藤，和烈日炎炎的公路相比，这里显得清凉而宁静。贝诺瓦尔感到一种暂时的解脱：在她身后，公路两侧人们的喧嚣声不绝于耳；在她前面，纪念体育场内7万7千名热情的观众正屏息凝视，急切地迎接她的到来。

"当时我想，"贝诺瓦尔后来回忆说，"我的梦想就要实现了。这是奥运会首次女子马拉松赛。它或许会改变我今后的生活。"她知道，通过这条甬道，她将会摘取奥运会冠军的桂冠，也将进入一个在各方面她始料不及的新天地。为此，她又感到惊恐。"现在还不晚，我可以在这里躲起来。"

这样做当然不可能。一辆载有电视摄像机的汽车在前面开路，通过记分牌屏幕，整个体育场都在注视着她的行进。除了继续跑下去，她别无选择。

在开幕式上，当美国队最后进入体育场时，她曾担心做过手术的双腿能否吃得消。现在总算放心了，一切感觉良好。跑出3英里以后，她就把大多数运动员甩在后面。现在，离她最近的挪威选手格雷特·韦兹也比她落后一分半钟。

甬道有些弯曲，贝诺瓦尔的身影渐渐地从入口处消失了。在这短短的15秒钟里，往事一幕幕地在她脑海里闪过。她首先想起5年前成为她一生转折点的波士顿马拉松赛。当时，她是的多恩大学的学生，这次比赛，她以2小时35分10秒获得第一名，从而跻身于世界优秀马拉松运动员之列。接着，在1983年另一次波士顿马拉松赛中，她以跑出2小时22分43秒的世界最好成绩，比新西兰选手艾莉森·罗和挪威选手韦兹所保持的前世界纪录快3分钟。一个接一个的胜利，给她带来荣耀，也给她带来数不清的烦恼。"从此，我就成了人们注意的新闻人物。商人追逐我，基金会也对我感兴趣。有些事情是值得的，但是需要我做的太多了，简直要把我撕成两半。"她越来越感到在缅因家乡度过的童年时代是她一生中最宝贵的时光。她多么不愿失去过去的一切。

甬道已经到了尽头，贝诺瓦尔的思绪又回到现实里。她抖擞精神，在雄壮的国歌声中，大步跑进阳光明媚的体育场。

在离缅因州波特兰不远的卡斯科海湾岸边，有一所新修葺的房子，贝诺瓦尔和她的新婚丈夫斯科特的家就在这里。这是一所非常舒适的住宅。站在窗前远眺，卡斯科湾一直延伸到远方，在水天相连处，隐约可见一片葱茏茂密的岛屿。室内的陈设很简单，桌子上堆放着书、杂志和眼镜。室内唯一可见的奖杯是一个女子长跑运动员铜像，那是她5月末参加奥运会预赛时得到的。在厨房里，一张邀请她参加里根总统就职仪式的精制羊皮纸请帖，用印有蒙代尔一费拉罗人像的磁按钮固定在冰箱上。贝诺瓦尔坐在椅子上，吃金枪鱼三明治，旁边放着一个橘子、一杯威尔斯王子茶。她留着短发，笑的时候嘴有点歪，不过笑得很开心。说及那些喜欢乡村生活的人，贝诺瓦尔是一个绝好的典型。

贝诺瓦尔今年27岁，身高只有1.60米，体重49公斤。她是在缅因州伊丽莎白角的一个小镇长大的。她的父亲安德烈第二次世界大战期间曾在第10山区支队服役。他酷爱滑雪，直到现在每次来看女儿，总是一进门就说："我是找你滑雪来的。"而这只要一走出女儿的屋门就可办到。于是，父女俩蹬上滑雪板，穿过庭院，不一会儿就消失在密林中。贝诺瓦尔从小就喜欢滑雪，经常从很陡的山坡上飞驰而下。她上高中时，有一次滑雪摔断了腿，就在那次疗养中，她发现了自己的长跑才能。

贝诺瓦尔通常在上午训练，跑13英里左右。她不喜欢有人陪伴，她说，当有人陪伴时，她总想交谈，这样会分散她的精力。而实际上，她只要看到有人同行；总像在比赛中那样，不自觉地加快脚步，把同伴甩在后面。在重大比赛前，她一般是先行三个月的训练，每周跑一百多英里。

贝诺瓦尔训练时非常认真刻苦，但在家里，却很少提起比赛的事。而对于改建谷仓、制造罐头、滑雪、缝纫、电影评论、地方政治，以至于用什么材料糊墙壁、光吃虾爪和虾尾是不是浪费等题目，她都津津乐道。她对集邮也颇有兴趣，她从邮件中攒了半箱邮票，只是由于训练紧张，没有时间加以整理。"这些事，只有留待以后我的腿不能跑的时候再做了。"贝诺瓦尔意味深长地说。

作为一个运动员，贝诺瓦尔获得了惊人的成功。但她对于金钱和荣誉并不十分看重，竭力避免奥运会成功给她的生活带来的影响，愿意继续像童年时代那样过一个普通人的生活。

她在缅因州是个闻名的人物，许多人给她写信、打电话，对此，她都一一作答。不料，有一次，她接到一位妇女的信，指责她态度粗暴无礼。这是怎么回事呢？"那是1984年9月26日，"贝诺瓦尔坦率地说，"当时离我结婚只有两天了，而我还有很多事情要做。在街角的一家商店，我买了一些包装礼品用的纸。柜台边有一群妇女叽叽喳喳，其中一个问道：'你是琼·贝诺瓦尔吗？'我说'是的'，说完，就匆匆离开了商店。"这点小事在一般人看来也许算不了什么，而贝诺瓦尔却为此感到非常不安。她不是个自高自大、目中无人的人，尽管比赛很紧张，她还是跟老朋友，跟一些普普通通的人保持着经常的联系，用她自己的话说，"友谊比出名更重要"。

她对自己的家乡有深厚的感情，愿意为它做任何事情。此外，她还欣然为许多社会慈善事业出力。而对那些酬以重金的邀请，却经常毫不客气地加以拒绝，去年10月在芝加哥举行的美国马拉松赛就是绝好的证明。

"从年初我就对他们说，我大概不会参加秋季马拉松赛，因为奥运会及预赛已经把我折腾得精疲力尽。所以我要看训练的情况，到比赛前最后一分钟再做决定。"

这次比赛的组织者鲍勃·布赖特，由于和哥伦比亚电视公司签订了一笔有利可图的合同，所以，一方面制造贝诺瓦尔参加比赛的舆论，一方面竭力劝说她，并不断提高筹码。布赖特承认，他曾答应给贝诺瓦尔5万美元的酬金，但是据权威人士透露，酬金最后已加到25万。六位数字的巨款，在一个金钱万能的社会该有多大的诱惑力！尽管如此，仍然遭到贝诺瓦尔的断然拒绝。

贝诺瓦尔下一个目标是什么呢？

"2小时20分钟。"达到这个高度，那就意味每英里要限制在五分二十秒以内。

贝诺瓦尔要实现这一目标，并非轻而易举。后来，她又做了右腿膝盖手术。手术并未彻底解决问题。有一次，她追赶一只野兔，在跨越小溪时不慎跌倒在地，幸亏邻居发现才把她搀回家。尽管很多人对她的前途感到担忧，她自己却很乐观、自信。

奥运会自行车女子记分赛

场地记分赛是运动员集体出发，以运动员在比赛中的累积得分进行排名的比赛。记分赛的比赛距离为：男子40公里、女子25公里。1996年第

26届亚特兰大奥运会被列为正式比赛项目。

发令员鸣枪，比赛正式开始。规则规定：在250米的场地上，途中冲刺每10圈一次。每个冲刺圈第一名获得5分；第二名3分；第三名2分；第四名1分。任何一名选手超过主集团一圈，即获得20分。任何一名选手被主集团超过一圈，即扣除20分。

赛车场的场地根据封闭程度分为：自行车馆、加有棚顶的半封闭赛车场以及露天赛车场三种。场地大小通常设计为250米和333.33米的跑道长度。

赛车场的跑道为椭圆形、盆状的设计结构。跑道最大的安全速度范围要设计在85km/h—110km/h之间。不同跑道长度的场地，其弯道半径和跑道宽度见表。

在跑道的下部设有占跑道宽度10%的放松道（蓝区）和供上道比赛的运动员、教练员以及裁判员使用的安全区域。在大于、等于250米的场地上，安全区域总宽度不得小于4米。在蓝区外延20厘米处有5厘米宽的黑线为测量线，场地的大小就是以测量线来测定的。测量线外延70厘米处有5厘米宽的红线为快速骑行线。从场地内沿算起，在场地总宽度的1/3处的蓝线称为摩托领骑线。在计时台前，由中间4厘米黑线和两边34厘米宽的白线组成的宽带为终点线。在直道中央位置的红线为追逐线，在终点线前200米的白线为200米计时起点线。

对于场地照明系统，除了必要的主电力系统外，还必须有应急照明系统。在奥运会比赛期间，要求亮度至少为1400Lux。

电动计时系统包括起跑器、电动计时压条或光电时间探测器和电子显示牌以及成绩处理终端。电子显示牌要能够反映1/1000秒的成绩时间。并且能及时显示运动员的排名、比赛冲刺的得分情况等等。此外，还有记圈牌、电铃为运动员显示完成比赛的圈数。终点有供终点裁决的终点录像系统和使整个场地都能够清晰收听的公共播音系统。

女子计分王——俄罗斯老将斯鲁萨耶娃发挥出色，以20分的成绩夺得女子记分赛的金牌，斯鲁萨耶娃实力非常强大，她是悉尼奥运会女子记分赛的铜牌得主，并且从2001年开始连续四次夺得世锦赛该项目的金牌。她所拥有的耐力和速度都是首屈一指的。

观赛礼仪自行车项目是一项富于挑战性的运动，比赛的激烈程度、现场的刺激画面足以使观众欢呼、沸腾。观众为运动员加油助威可以更好地激发运动员的挑战精神与顽强意志。根据该项目特点，观众可以近距离接触比赛。遵守赛场礼仪将成为运动员发挥最好竞技水平、保护运动员和自身安全的重要前提。

在观看自行车比赛前，观众应了解自行车比赛的特点和相关知识，做到注意赛场秩序和适时保持安静。

在自行车比赛开始（集体出发项目例外）时，运动员需要根据在倒计时电子提示音发令出发。运动员出发时会全神贯注地聆听起跑信号，这时现场的观众应保持安静，以免干扰或影响运动员的比赛出发。

对于沿途观赛的观众来说，首先要选择一个安全的位置观看比赛。在赛道中经常有一些危险地段，或是急转弯地形，以及运动员竞争比较激烈的地段。运动员在激烈的竞争中就存在着一定的危险性，如果运动员在高速状态下发生侧滑、摔倒等事故，势必威胁周边观众的安全。所以，观众在沿途观赛时一定不要超越隔离区，以保证自身的安全。

其次，观看自行车比赛过程中一定要听从赛场人员的指挥，不要随意冲入场内或赛道。因为公路自行车赛道上不仅有高速行驶的自行车，还有保障竞赛的各种机动车车辆，如裁判车、器材车、新闻车等等。这些车辆在比赛中行驶速度非常快。特别是在公路个人计时赛中，运动员是间隔时间进行出发的，这就意味着整个赛道都会有投入比赛的运动员。所以，观众突然冲进或穿越赛道的做法是十分危险的。一旦发生阻挡运动员或队车的事故，轻则影响运动员的比赛成绩；重则造成严重的人身伤害事故。

在观看山地车比赛时，观众不能接触或帮助运动员，更不能向运动员的身上和车上喷水。因为规则规定参赛运动员在比赛中不得接受外界帮助。

自行车运动很容易调动观众的情绪，每到激烈之处，观众都禁不住会呐喊助威。随着激烈程度不断升高，观众情绪高涨都是很容易理解的。观众文明加油的方式都是允许的，同时，要注意为所有参赛运动员理智地加油，体现观众的文明素养和对自行车运动的理解。

奥运会男子50公里竞走

男子50公里竞走，是第29届奥运会田径比赛项目之一。1896年，希腊雅典奥林匹亚举行的第1届现代奥林匹克运动会，田径是核心项目，其中包括100米、400米、800米、1500米、马拉松、110米栏、跳高、撑竿跳高、跳远、三级跳远、铅球和铁饼，共计12个男子田径项目。田径作为现代奥运会的头号重点项目，始终沿着奥林匹克运动的方向走在最前头。

从1932年起，男子50公里竞走被列入奥运会比赛项目。北京2008年奥运会田径将设47个项目，其中男子24项，女子23项。

竞走起源于英国。19世纪初，英国出现步行比赛的活动。19世纪末，部分欧洲国家盛行从一个城市到另一个城市的竞走旅行。1866年英国业余体育俱乐部举行首次冠军赛，距离为7公里。竞走分场地竞走和公路竞走两种。场地竞走设世界纪录公路竞走因路面起伏等不可控因素较多，成绩可比性差，故仅设世界最好成绩。运动员行进时，两脚必须与地面保持不间断接触，不准同时腾空，着地的支撑腿膝关节应有一瞬间的伸直，不得弯曲。比赛时运动员出现腾空或弯曲，均给予严重警告，受3次严重警告即取消比赛资格。1908年首次进入奥运会，当时和距离是3500米和10英里。此后几届奥运会距离有所不同，有过3000米、10公里等，从1956年奥运会起定为20公里、50公里。

竞走比赛有两个核心规则。竞走运动员使用与众不同的步法，看起来很特别，但这种步法是规则规定的。首先，一个竞走运动员必须始终保持有一只脚落再地面上。第二，从前进脚落地的一刻起直到腿部达到垂直的姿势，腿部必须保持直线，膝盖不能弯曲。有9名裁判分布在比赛线路上监督任何运动员的犯规动作。他们不使用电子设备帮助判断，因为规则规定参赛者要由裸眼监督。当裁判看到竞走运动员将要犯规时就提醒他一次。提醒一般是通过在道路两边向犯规者出示白色标志来表示的，此后裁判员会通知主裁判。如果三个裁判都警告了同一运动员，他（她）就会被罚出局。

比赛中裁判可以将推撞或者阻碍他人的运动员罚出。跑道径赛中运动员自愿离开跑道的不可以继续比赛。跑道径赛过程中除了5000米以上长度的比赛以外，运动员不能接受帮助或者建议。5000米以上的比赛如果天气情况允许可以提供饮料和海绵。

田径是奥运会中最大的项目，在观看田径比赛时一般要注意以下几点：

（1）观摩比赛应提前入座，这样，既尊重运动员，也不影响他人观看比赛。

（2）颁奖升旗奏歌时，应肃静起立，不要谈笑或做其他事情，以示尊重。

（3）运动员出场时，观众应该给予鼓励和掌声，不只给予本国的和自己喜欢的运动员，还应包括其他的运动员。

（4）当运动员开始跳跃、投掷项目助跑时，观众可以根据运动员的助跑节奏鼓掌，注意不要在看台上随意走动。

（5）在高度项目比赛中，即使运动员水平再高，最终都要以自己所不能逾越的高度而告终。所以当运动员成功越过某一高度时，我们应该向运动员表示祝贺。但是，当运动员最终未能越过更高高度的横杆而结束比赛时，观众也应该向运动员报以热烈的掌声。

（6）在进行短距离径赛项目时，当运动员站在起跑线后，宣告员开始介绍每位运动员时，观众应报以热烈的掌声和欢呼声，以表示对运动员的喜爱和支持。当裁判员发出"各就各位"口令后，即运动员俯身准备起跑时，赛场应保持绝对的安静，观众不要鼓掌呐喊，而应该在心里默默地为运动员加油，以免使场上运动员由于场外因素而分神。当发令枪响后，观众就可以完全释放出自己的活力和激情为自己的偶像呐喊助威了。

（7）在一些长距离项目中，如马拉松，当远远落后的运动员坚持到终点时，观众应该把最热烈的掌声送给这些运动员，为其重在参与的精神鼓掌。

（8）比赛结束时，获胜运动员为答谢观众一般还会绕场一周，大家一定要用掌声和欢呼声为其精彩表现表示欣赏和鼓励。

（9）把赛场当作自己的家去爱护。赛场内禁止吸烟，手机要关机或设置在振动、静音状态。

奥运举办商机不断

巴塞罗那奥运会是历史上最带有商业色彩的比赛，它是一场无孔不入的世界性商业大战。这是一场特殊的"战争"，从某种意义上来说，这场战争比运动员在赛场上争奖牌还要激烈。赛场上，并不人人都是胜利者，而这场商业大战中，没有一个公司、一个厂家是失败者。

人们记得，在巴塞罗那奥运会开赛前，耐克公司因商标注册发生争议，在西班牙法庭上败阵，但它赞助的都是世界各地的运动尖子，他们向世界展示的是公司最好的服装和鞋子。而"官司"本身却广泛地引起了新闻界的注意，反而进一步提高了它的知名度。现在，它等待着新一轮的争先恐后而至的订货单。

美国全国广播公司NBA花了4.01亿美元购得了巴塞罗那奥运会电视播映权，柯达胶片公司再一次以优质服务征服了与会的摄影师及有玩弄摄影雅兴的其他人；日本精工计时公司这次露了大脸，它最新推出的径赛终点摄像名次排列定位系统的成功，确立了它在运动计时领域的领先地位；尼康相机公司老板看着他们最新推出的F4相机和高倍长镜头为一批又一批的记者租用时而露出得意的微笑；可口可乐公司的老板则在考虑在一些国家开辟新市场的时机已经成熟……

为这届奥运会投入了8亿多美元的30多家跨国公司将迎来新的销售黄金时机，它们所得到经济效益，无论是短期的（像NBC公司），还是长期的（像可口可乐、尼康等公司），都将远远地超出8亿这个数！

争夺电视转播权的斗争是一场金钱战，战事在巴塞罗那奥运圣火点燃之前早已展开，上场的是NBC公司和哥伦比亚广播公司及有线电视公司三家。在第一轮投标中，三家进行摸底，报价不相上下，而到第二轮，NBC奇兵突击，一下把标价提到4.01亿美元，一举取胜。这一突击，使标底价只有3.6亿美元的国际奥委会也大吃一惊。

NBC打败对手，的确靠的是雄厚的经济实力。除了4.01亿的费用以外，它还花了1亿美元购置转播设备。但它绝不做亏本买卖。在中标之后，它立即向组委会提出条件，要求把奥运会的田径赛、篮球赛等精彩赛事都安排在当地时间晚间进行，这样保证它能将赛事在美国的黄金时间，以争取最高的收视率。在高度商品化的美国社会，收视率意味着广告收入。一切办妥，公司收支决算已初告完成。

在奥运期间，NBC 的广告费是每 30 秒 24.2 万美元。这个数字低于这家公司在转播美式足球超级杯赛每 30 秒 80 万美元的广告收入。当然，超级杯赛只能有几个小时，而奥运会有 16 天，公司的广告收入依然十分可观。有人估计，NBC 的最后盈利不会少于 7500 万美元。

"冲一送一"的传统保留下来了。柯达胶片公司在巴塞罗那新闻中心设置了庞大的冲晒工作间和服务台，对前来要求冲洗胶卷的记者不仅提供免费服务，而且每冲一卷还奉送一个胶卷。这就是说，只要你赛前备足一定数量的胶卷，足够一次出访所用，你以后就无需再去购买，可以使你拥有成百乃至成千个摄有图像的胶卷，等到你打道回府，你身边还有与出发前携带的相同数量的未用卷。除此以外，柯达公司还备有摩托车队负责为记者们突击冲卷，而冲好的卷，也有专人负责送到你手中。

服务是无可挑剔的，而公司所付出的代价也是昂贵的。以这些免费服务据说是不包括在它向组委会提供的 2800 万美元的赞助费中，它所换取的是奥运会胶卷独家赞助权。

"冲一送一"这套服务是柯达公司用教训换来的，它忘不了在洛杉矶奥运会上遭受的奇耻大辱：知名度和产值远远高于羽毛未丰满的日本富士公司的柯达公司，摆出一副老爷姿态，组委会以赞助底价多次与公司谈判，但公司的营业部主任和广告部主任听命于总部的旨意，就是不肯掏出这笔巨额的钱款，这就给富士公司一个契机，他们毫不犹豫地插了进来，当场达成交易，赞助费用提高到 700 万。

日本人是精的，他们的钱不会白掏。在挤进奥运会后，其产品还打进了针插不进的美国市场。柯达公司此时大梦方醒，但为时已晚，为挽回败局，除撤了一些当事人的职务外，它在新闻中心搞新招数，凡是用它胶卷的记者可到那里免费冲洗，并可"冲一送一"，以此尽可能多地抓住一些用户。

在此以后，在汉城奥运会和巴塞罗那奥运会上，它都不再掉以轻心，不但肯掏赞助钱，而且还保留了这种传统。巴塞罗那奥运会，柯达公司的赞助费高达2100万美元。

可口可乐公司也有类似的经历。将奥运会作为"商品"是在1984年洛杉矶奥运会上，但饮料进入奥运会还要早些。在1980年的莫斯科奥运会上，可口可乐和百事可乐都成为大会饮料，但在销售量和影响力方面，可口可乐都比百事可乐落后一步。因此，当尤伯罗思在1984年奥运会上提出只能一定承办指定饮料后，可口可乐一下叫出1300万美元，比底价高出900万。公司的一位官员说，他们愿意出两倍多的价钱就是不给百事可乐有还手的余地。

可口可乐在巴塞罗那投入了2800万美元的高价，在赞助商中占据首位。因此，在新闻中心，在比赛场地，到处可见可口可乐的饮料摊，几乎达到抬头不见低头见的程度。

新闻中心设有尼康相机服务台，每天从早到晚，总有不少记者在那里，或修理相机，或租借手头短缺的高位率机头。

这是尼康公司用近2000万美元买下的这个摊，是它的生财之道。从洛杉矶到汉城，它也是这么做的。这里修理是免费的，同时还可以借你新型号相机，补你急用，镜头400毫米和600毫米都有，还有更大的，而且还是全自动的，一机一镜头在手，你什么烦恼都烟消云散。

如若你再仔细观察一下，采访奥运会的绝大多数摄影记者肩上扛的都是日本产的相机和镜头，昔日和当今还是名牌的莱卡等相机几乎无踪影。尼康公司这次又推出最新F4型，其性能更为先进，使用更为方便，从上卷到调焦距、定速度到退卷，都是全自动。可以预见，那些尝到了甜头的记者，有哪个心里不是痒痒的，回到家里，怎不会鼓动单位定购这种相机呢？而购置一台相机，配上一个镜头，其价格至少需要数万美元！精明的日本商人，又在集中科研人员，研究生产更新型号的机器。

、 用了我的，你得买我的，这是日本商人或许是所有奥运会的商人经营之道。

在短距离的径赛中，每一次比赛，8条跑道上的运动员几乎在同一时刻冲过终点，谁先谁后，装在终点线上方的名次排列识别摄像装置几乎在比赛结束的同时就能给裁判人员提供正确的名次排位。这就改善了过去那种用摄影机照机要等数分钟才能显示出排列顺序的办法。你要是还有争议，将录下的慢动作反复放看就是了。

这就是日本精工钟表公司的新发明。这一发明使得精工重新确立了在大型运动会上计时设置的地位。

比起瑞士钟表业，日本的钟表是后起之秀。精工在1964年奥运会上曾被指定计时，但在此以后的近30年中，它一直"靠边站"。为改变这个状态，精工公司花10多亿日元，将计时和摄像技术结合起来，终于制造了径赛终点摄影识别名次排列系统，在巴塞罗那名声大作。精工不在12家大赞助商之列，可它在这届奥运会上所产生的效益，却是多数厂家所达不到的。

奥运殿堂里的"HIV"幽灵

20世纪末，当现代奥林匹克运动的先驱顾拜旦们风尘仆仆地奔波于各地，要把古代奥林匹克和平、公正、正义的神火重新在这个地球上点燃之际，他们绝没有想到，百年之后，现代奥林匹克运动竟会面临着如此众多的困扰。商业化冲击、暴力波、兴奋剂潮、艾滋病……乃至政治斗争等等，给奥林匹克这座神圣的殿堂上蒙上了一层阴影。其中"HIV幽灵"闯入奥运殿堂，成为关心奥林匹克运动人们十分关注的话题。

近几年内，世界体坛突然发生了几起艾滋病新闻大爆炸，将人们震得目瞪口呆。

先是一名美国赛车名将死于艾滋病，接着便是美国头号职业篮球明星"魔术师"约翰逊含泪宣布自己成为艾滋病毒携带者；再接着就是被称为"本世纪美国最伟大的运动员之一"世界职业网球名将阿什被艾滋病撞倒。

阿什患病是祸从天降，1983年他因动心脏手术输血被染上艾滋病。因为当时美国对供血者尚没有实施艾滋病检查。60年代末、70年代初阿什作为唯一的一名黑人运动员闯入了"白人贵族的天下"职业网坛，并成为霸主。想当年，他为争取黑人的权利和反对种族歧视而进行了不知疲倦的斗争。而现在，他却要与他的同胞约翰逊一起与艾滋病做斗争。

约翰逊染上艾滋病毒有点"咎由自取"的味道。约翰逊染艾滋病是由于其生活不检点。

约翰逊事件反映出的社会及医学方面的问题引起了体育界医学界人士的广泛关注。许多美国运动员纷纷前往医院要求进行艾滋病检查；不久前，澳大利亚奥委会内有人主张应拒绝与有约翰逊在内的美国篮球队在巴塞罗那的比赛。这反映出运动员对自己有可能被感染的担心。

然而，巴塞罗那奥运会的主办者声明欢迎约翰逊前来参赛；国际篮联也宣称不会禁止约翰逊参加比赛。美国一位著名的职业篮球教练明确指出，约翰逊将在医护人士的监督下参加6场巴塞罗那奥运会的篮球比赛。

艾滋病毒HIV主要通过性接触传染。也有报道说，运动中破损伤口的相互接触可能是HIV扩散的另一途径。此说虽未经正式论证，但已引起体育界的警惕。因为竞技体育项目中的许多项目，如拳击、摔跤、柔道、手球、篮球、足球等，由于专项技术的特点，运动员身体接触较多，对抗激烈，难免互相碰撞致伤。

其他的感染机会则可能是运动员暴露在外的创伤面接触到艾滋病患者所造成的、如接触伤口溢出液、污染的运动器械（球、棒、网、体操器械等）、运动场地，甚至公共场所及用品，更衣室或共同使用的热水瓶、毛巾等。所以，体育医疗机构建议，被运动员身体溢出液体所沾染的地板或其他物体表面，应立即用肥皂水洗净，再用消毒剂或1：10的次氯酸钠溶液消毒。

现在世界体育界最为关心的问题是，国际奥委会医学委员会是否有必要像对待兴奋剂那样制定出一个对运动员进行艾滋病检查的法规。有人建议对年龄在13岁以上有可能有性活动的人都进行例行检查。也有人提出应对涉及接触性项目的运动员进行普查。然而，当第一次检查为阴性，是否以后每隔3个月或每隔多年再进行检查？鉴于在检查低度危险人群时还有可能出现大量的假阳性反应，而这个假阳性又可能使健康者受到"诬陷"，所以到现在国际体坛仍然没有找到驱走徘徊在奥运殿堂里的HIV的幽灵的良策。

奥运盛会全家福

巴塞罗那是一座具有两千年历史的古城，四季如春，这座城市既有中世纪旧坝区，又有现代繁华的新城区。每逢节日市民们便聚集在教堂外的广场上跳起西班牙民间舞蹈。巴塞罗那市内美术馆、剧场、音乐厅比比皆是，仅著名展览馆就有30余座。巴塞罗那获得第二十五届奥运会主办权，西班牙全国市民非常高兴，巴塞罗那市民更是欢喜若狂。萨马兰奇作为巴塞罗那人，非常希望自己家乡举办奥运会。

为了筹备奥运会，组委会决定把1990年定为"奥林匹克建设年"，投资12亿美元，改建了蒙锥克奥林匹克体育场，圣乔尔迪体育宫、奥运村。全国自愿报名参加奥运会服务工作的人员超过10万人。为了吸引更多的国家参加巴塞罗那奥运会，大会组委会提出诱人条件，在奥运会进行的18天中，所有参赛运动员吃住全部免费。这一优惠条件确实不同凡响。使这届人数达到历史最高水平。这届奥运会有172个国家和地区参赛。报名运动员近2万，大会只接受10560名运动员。5000名政府官员和教练员。全世界的优秀运动员云集在巴塞罗那。

由希腊女演员帕姆波基点燃火炬，经过成千上万人传递到了巴塞罗那，就连72岁的国际奥委会主席萨马兰奇也亲自参加了传播和平种子的火炬接力。开幕式上除西班牙国王卡洛斯，还有32个国家元首光临大会。当文艺演出开始后，首先进入场的是24个"机器人"他们扭动身躯跳起了弗莱明戈舞，接着身着红裙的西班牙女郎跳起了热情奔放的舞蹈。著名歌唱家阿贝尔引吭高歌，会场上出现了一群小海怪，拉着一列列银光闪闪的车，四面八方涌来了身穿纱裙的少女，银车变化成了开起风帆的船，少女变成了海浪，各式海洋动物上场了，蚌、蟹、章鱼……一幅与大海博斗的景象展现在面前。精彩的表演，把人们带入梦幻般的世界。观众欣喜若狂。22时20分，西班牙国王宣布第二十五届奥运会正式开幕。开幕式总导演别具匠心，点火仪式安排西班牙著名残疾人运动员雷轻罗用弓箭射出一支涂有特种汽油的箭，一箭将圣火点燃。

这届奥运会共决出259枚金牌，创造了192项世界纪录。这届运动会给人最大感受是以往奥运奖牌由美国、苏联、德国三强独霸天下的局面一去不复返了，开始了"春秋战国"群雄争鹿的新局面。各国代表队水平接近，竞争激烈。频频爆出冷门。

在女子100米比赛中，行家们看好牙买加选手奥蒂，但她仅在比赛中获第5名。而并不知名的美国黑人姑娘德弗斯摘取了金牌，成为世界女子新"飞人"。德弗斯获得今天的胜利，实在来之不易。在一年前，她突然患病，满头秀发全部脱落，体重骤减，更要命的是，每月例假频频来临，身体碰一碰就出血，最后连路都走不动，人们称这种病是绝症。一位医生诊断后对她说："你的腿必须锯掉。"德弗斯万分痛苦，她多方寻医，总算有一位医生用新的疗法保住了双腿。为了继续参加她热爱的田径运动，德弗斯同意治疗。她终于挺了过来，并且重返田径场，在训练时她的腿依然不时充血，德弗斯流过多少眼泪，但在队友和教练的鼓励下，坚持下来。比赛后她感慨地说："在最没有希望的时候，要一直保持希望！一个人总会有挫折，遇到挫折时别着急，我就是例子。"

这届奥运会首次开"禁止职业选手参加奥运会"禁令。宣告业余体育时代的终结。篮球比赛允许美国职业队"梦之队"参加。"梦之队"云集着美国的篮球精英，有号称"魔术师"的约翰逊，有"飞人"乔丹，"大鸟"伯德，他们以精湛的技艺和魔术般的表演轰动了整个巴塞罗那。他们天下无敌手，以绝对的优势，令人佩服地摘走金牌。有人欢呼这一举措，认为这样做有利于促进奥林匹克水平提高，这是奥运会的一个新起点。也有人担心，职业选手进入神圣殿堂会使奥林匹克精神荡然无存。

这届奥运会尤为令人瞩目的是，中国代表团大踏步赶上来了。共获16枚金牌，由上届奥运会金牌总数列11位升到了第4位。难能可贵的是，获得了亚洲有史以来的第一块田径金牌。在女子10公里竞走时，中国姑娘陈跃玲获金牌：中国体操运动员李小双，在自由体操决赛中以"团身三周"稳稳落地，征服了观众和裁判，以9.925高分获自由体操金牌。年仅14岁的伏明霞力挫群芳，夺走女子10米跳台金牌。中国姑娘庄晓岩战胜了许多人高马大的欧美选手获得女子柔道72公斤以上级别冠军。川妹子张山独闯一向被男子独揽的双向飞碟比赛，随着张山准确射击，把这些男子汉冠军美梦击得粉碎，不得不向这位美丽文静的东方姑娘称臣。在泳池，中国姑娘"五朵金花"再度争芳斗艳，一举夺下 4 金 5 银，同时创 2 项世界纪录。可以说，在这届奥运会上实现了全面超越，写下了奥林匹克史上崭新一页。

8 月 9 日晚 4 时，在巴塞罗那奥林匹克体育场举行了隆重闭幕式。万名运动员和几万名观众怀着依依不舍的心情参加了大会。这届奥运会确实像萨马兰奇评价的那样："是奥运史上最好的一届。"

借奥运之风行商战之势

作为与奥运会相提并论的最大单项体育赛事——世界杯足球赛，除了给亿万球迷带来长达一个多月的节日外，还为雄心勃勃的商家们创造了无限的商机。据对意大利世界杯和美国世界杯的统计，仅从利润方面而言，世界杯的效益实际上已经超过了奥运会。这也是国际足球联合会这个单项体育组织多年来一直敢于向全球体育运动的神经中枢国际奥委会强硬叫板的最根本原因。在这个讲求效率和实力的社会里，只有财大了，气才能粗。

法国世界杯组委会两主席之一普拉蒂尼在大半年前就曾信心十足地告诉法国议会的议员们，为了举办本世纪最后一届世界杯，法国方面的直接投资已经突破了 20 亿法郎，但在世界杯之后，法国人会高兴地看到，世界杯将带来远远高于这个数目的巨大收益。法国航空公司就在自己的空中客车飞机上涂满了世界杯海报，担负起免费接送 32 支参赛球队往返于各赛场的使命，要是无利可图，法航才不会干这种赔钱买卖。

来自法国的最新数据表明，世界各大公司对本届世界杯的广告投入已经超过3.6亿美元。

在世界各地横行无忌的世界杯纪念品和指定产品似乎在暗中替普拉蒂尼使劲，一位广州球迷，专门托人从巴黎以百余法郎的代价买回来两件世界杯文化衫，衣服到手之后他发现，这文化衫与广州街头15元两件的圆领T恤毫无二致，其产地还很可能是珠江三角洲的某个乡镇小厂，唯一能够体现他多花的100多块钱的就是衣服上印制的"FRANCE98"的本届世界杯标志。

法国世界杯组委会十个赛场为亟欲现场目睹这次世纪末足球盛事的球迷预备了总值达12亿5千万法郎的250万张入场券，其具体分配方案是，作为东道国的法国球迷将享受其中的60％，其余40％由国际足球、各参赛队、赞助商、旅游组织和其他外国球迷分享。

组委会怎么也没想到，就是这么一个分配方案，差点在欧洲引发了一场"地震"。

争议的直接原因是门票供应上的"僧多粥少"，从配售方案出笼的第一天起，法国就几乎成了全欧洲的"公敌"，各国足协和议会都对法国人的"地方保护主义"做法大发牢骚，欧洲联盟和欧洲议会的30多名议员更是在一家法国法院起诉组委会，指责其配售方案严重偏向法国人，要求对组委会课以1亿美元的重罚。为了平息各国的愤怒，组委会最后决定把手头仅有的17万张门票通过一个"080300—1998"的电话热线销售给欧洲球迷。在热线开通的第一天，就有2000多万个国际电话蜂拥法国，许多国家特地将通往法国的电话线路成倍扩容，但订票热线仍然严重"交通堵塞"，当天买到球票的球迷仅有1.5万人。一位伦敦球迷拨打电话直至手指骨折也没有和售票小姐对上话，一位留法的中国女球迷从热线开通的4月22日开始打电话，坚持到4月30日才得偿所愿，成功订购到一张小组赛和两张复赛的入场券，而法国电信局却在滚滚话费前乐不可支。

为了避嫌，普拉蒂尼对前来索取球票的老父亲也只能无可奈何地说"不"。

到5月7日，组委会宣布，本届世界杯的门票已经全部卖光，中国作为国际足联的会员国之一，分配到了156张门票。

为了应付那些无票进场的球迷，组委会在各赛场外均设置了巨型电视屏幕。法兰西大球场的电视屏幕是法国最大的，到时，球迷们除了可以看电视直播，还能享受一应俱全的各种精美法国酒类和点心。花钱自然也是少不了的，在这里看一场球的代价是158美元，与买一张正经门票相差无几。

世界杯历来是全球各大体育用品商激烈斗争的重要阵地，在墨西哥世界杯前，足球用品市场是由德国阿迪达斯一统天下的，参加世界杯的球队，除了朝鲜一类国家，其他一概穿着由阿迪达斯免费提供的比赛服上场比赛。但到意大利世界杯之后，这种大一统的局面开始发生微妙的变化，耐克、锐步、茵宝、地爱多娜等体育用品新贵开始向阿迪达斯发起挑战。在美国世界杯上，穿着其他品牌赛服的球队已经超过了"阿迪达斯一族"。16届世界杯，对世界足球用品市场控制权的争夺已经趋于白热化。在激烈竞争下，茵宝、地爱多娜等牌子的赛服备受关注，阿迪达斯、耐克与锐步三分天下的局面开始形成。但三分天下也不是足球用品巨头们所甘心接受的，谁都想唯我独尊，当了多少年"龙头老大"的阿迪达斯此情尤甚。

阿迪达斯的复辟计划是从比赛用球开始的，这也是迄今为止阿迪达斯少数未被耐克、锐步们蚕食的领域之一。阿迪达斯为本届世界杯特别开发一款融和高科技的比赛用球，其重量比以往大大减轻，旋转速度则大为加强。阿迪达斯的发言人声称，这种比赛用球将是对国际足联鼓励进攻计划的最大支持，因为其轻巧和高速旋转性能使之更容易为球员所控制，而守门员则更难于扑救。阿迪达斯公司为此专门请德皮耶罗、齐达内和巴夫斯等著名球员试用了这种新产品，球星们证实了该公司的说法。

为了对抗阿迪达斯，耐克也巨资拍摄了由巴西国家队主演的电视广告，让罗纳尔多等球星以眼花缭乱的脚法证明其球靴的优越性能。

阿迪达斯则立马请来德皮耶罗，让他穿上16世纪的罗马武士服和阿迪达斯球靴，以优雅的文艺复兴情调带球穿行于古罗马的大街小巷，广告旁白是"作为艺术家的德皮耶罗"。

就是在中国，我们也能见得到遍布大街小巷的印着吉祥物"富迪斯"的世界杯指定产品了，一些精明的商家更是早就设立了这类产品的专卖店。

虽然有95％的球迷发誓要在世界杯期间"近足球，远女色"，法国组委会还是未雨绸缪，预先指定"世界杯指定安全套"的生产商，4月底，总重量达10吨的这种安全套已经开始在世界杯各大赛场公开销售。有趣的是，有高达80％的女性对四年一度的世界杯抱有反感，因为世界杯会使她们在长达一个多月的时间内备受情人冷落——英国的一项调查表明，世界杯期间的离婚率大约是平时的两倍，家庭暴力事件更是剧烈增长，所以在这段时间内，一些女性读物和时装的销售量要比平时高得多。但同样令人百思不得其解的是，根据过去几届世界杯的统计，每个国家在举办世界杯期间，其妇女受孕率也呈激增态势，不知是不是因为数目庞大的男球迷和为数不多的女球迷在这些日子里都特别容易激动？除了足球外，在世界杯期间，酒是最受球迷欢迎的东西，自己支持的球队赢了当然要喝酒，输了则更要喝酒，欧洲肯定也有类似于"何以解忧，唯有杜康"的谚语。法国是红酒的故乡，当然更不能在酒的问题上开罪全世界的球迷，实际上，1000万无指定的世界杯优质红酒已经开始在各赛场售卖。为了更好地销售这些产品，生产商在酒瓶上印制了11位不同的世界杯球星肖像，还专门设计了一个特别版——这个特别版特别之处在于，它只有在法国队夺冠后才会面市，要不然就要胎死腹中了。

在世界各地，关于世界杯的纪念品已经遍地皆是，从钥匙扣到T恤，从遮阳帽到小围巾，林林总总，无所不及。

这个夏天最珍贵的纪念品也许是来自法国老牌皮革商路易·威登的产品。为了迎合世界杯这一世纪性的消费浪潮，路易·威登在不久前专门推出了一款"足球背包"。所谓"背包"，其实就是由几根浅色调的皮带吊装的一个略小于真球的可以打开的深棕色真皮足球，其设计体现了路易·威登一贯的典雅风格。路易·威登的发言人说，这种足球背包在全球限量发售3000个，售价大约是3000法郎一个。许多看过这个背包的法国妇女说，尽管她们并不喜欢这个好看不好用的玩意儿，但她们会考虑为自己的丈夫或儿子买上一个。

时装与世界杯搭上关系是在1990年的意大利世界杯，在那届大赛的开幕式上，来自世界各地的名模将赛场气氛推向了高潮。面对本世纪最后一次足球盛会，时装设计师们也按捺不住，在日前举行的东京时装展上，就推出了一款标新立异的"世界杯文胸"。设计师声称，这种实际上就是两只半球形足球的"世界杯文胸"，其制作所用的皮革与足球原料是一模一样的。现在的问题是，在男人们都心猿意马的世界杯期间，戴着"世界杯文胸"的女士们能否让他们从足球大战中拨冗一近芳泽。

对许多商家们而言，他们在世界杯期间也有一份平时难得的默契，比如几乎垄断全球市场的两大胶卷公司日本富士和美国柯达，就达成了分别赞助世界杯和奥运会的幕后协议，柯达尽可能去风风光光地赞助奥运会，世界杯指定胶卷则必定是富士，谁也别碍谁的事。与富士、柯达情况类似的，还有百事可乐和可口可乐等。最有风度的是那些电影公司，每到世界杯大张旗鼓地进行广告宣传，好莱坞便会自动放慢新片上市的进度，无论是派拉蒙还是20世纪福克斯，他们都很清楚，在这个季节，里奥纳多和克鲁斯都毫无意义，人们更感兴趣的是罗纳尔多和德皮耶罗。

鸟巢——2008年北京奥运会主场馆

国家体育场位于北京奥林匹克公园中心区南部，为2008年第29届奥林匹克运动会的主体育场。工程总占地面积21公顷，建筑面积258000平方米。场内观众坐席约为91000个，其中临时坐席约11000个。举行奥运会、残奥会开闭幕式、田径比赛及足球比赛决赛。奥运会后将成为北京市民广泛参与体育活动及享受体育娱乐的大型专业场所，并成为具有地标性的体育建筑和奥运遗产。

新的国家体育场坐落于奥林匹克公园建筑群的中央位置，地势略微隆起。它如同巨大的容器。高低起伏的波动的基座缓和了容器的体量，而且给了它戏剧化的弧形外观。体育场的外观就是纯粹的结构，立面与结构是同一的。各个结构元素之间相互支撑，汇聚成网格状，就如同一个由树枝编织成的鸟巢。在满足奥运会体育场所有的功能和技术要求的同时，设计上并没有被那些类同的过于强调建筑技术化的大跨度结构和数码屏幕所主宰。体育场的空间效果新颖激进，但又简洁古朴，从而为2008年奥运会创造了独史无前例的地标性建筑。

基座与体育场的几何体合二为一，如同树根与树。行人走在平缓的格网状石板步道上，步道延续了体育场的结构肌理。步道之间的空间为体育场来宾提供了服务设施：下沉的花园，石材铺装的广场，竹林、矿质般的山地景观，以及通向基座内部的开口。从城市的地面上缓缓隆起，几乎在不易察觉中形成了体育场的基座。体育场的入口处地面略微升高，因此，可以浏览到整个奥林匹克公园建筑群的全景。

体育场的空间效果新颖激进，但又简洁古朴。体育场的外观就是纯粹的结构，立面与结构是同一的。各个结构元素之间相互支撑，汇聚成网格状，就像编织一样，将建筑物的立面，楼梯，碗状看台和屋顶融合为一个整体。如同鸟会在它们树枝编织的鸟巢间加一些软充填物，为了使屋顶防水，体育场结构间的空隙将被透光的膜填充。由于所有的设施——餐厅，客房，商店和卫生间都是独自控制的单元，建筑外立面的整体封闭因而是非常不必要的。这使体育场有自然通风，是体育场环保设计的最重要的一个方面。

体育场被设计成为巨大的人群的容器，无论远眺还是近观，都给人留下与众不同的、不可磨灭的印象。体育场内部，这种均匀的碗状结构形体将能调动观众的兴奋情绪，并使运动员超水平发挥。创造连贯一致的外表，座席的干扰被控制到最小，声学吊顶将结构遮掩使得观众和场地上的活动成为注意焦点。在此，人群形成了建筑。

舒适豪华的装修布置，优质周到的配套服务，清晰良好的观看视野是国家体育场包厢品质的保障。它不仅提供了一个亲临其境的最佳观赛场所，更为社会企业和各界名流搭建一个交际、公关、答谢客户的社交平台，为企业提供一次难得的展示自身实力和尊贵地位的机会。国家体育场包厢位于体育场的四层，赛后通过改造，赛后包厢的数量约140个。

星光大道作为国家体育场的旅游景点，以少有的留手印的形式来纪念、表彰那些杰出的运动健儿，满足了人们与心目中的体坛英雄零距离接触的愿望。初步设想在国家体育场景观区设建文体明星手印大道。留印对象主要包括：国内外奥运会冠军得主、对中国体育事业有突出贡献的教练员、运动员、另外，也可包括少量与运动有关的文艺界明星。

国家体育场将会举办主要的国际、区域和国内赛事，另外也包括一些非传统体育赛事，为体育迷们提供一个感受新鲜体育文化的机会；除了体育赛事，其他一些大型活动，如：文艺演出、非商业性质的政府主办的大型活动以及私营企业的大型活动也将在国家体育场举行。国家体育场将创造其自己的文化和人文氛围,通过吸引最好的国内和国际体育活动和表演艺术机构、优秀的服务和先进的管理技术,使国家体育场成为全国范围内最优秀的大型体育活动和表演场所,国家体育场将成为全世界其他国家看中国的一个新窗口。

许多看过"鸟巢"设计模型的人这样形容:那是一个用树枝般的钢网把一个可容10万人的体育场编织成的一个温馨鸟巢!用来孕育与呵护生命的"巢",寄托着人类对未来的希望。

北京奥运开幕式上的"巨碗"

北京奥运会开幕式上,画卷式的高清显示屏精美十足,而在今天晚上全运会的开幕式上,一个创意十足的"巨碗"也成为开幕式的最大亮点。在夜幕下,一群和平鸽缓缓飞向广场中央,大幕拉开,巨大的"碗形"投影屏呈现在人们面前。整个开幕式演出中,这只"巨碗"带给观众以视觉冲击,与演出完美地融合在一起。

碗幕上播放出的视频画面,全场观众在任何一个角度都可以看到,碗幕的画面在整个演出中也起着起承转合的作用。

随着运动员退场,圆环徐徐落下,白色的幕布铺于地上。随着音乐响起,和平鸽将圆环重新"叼起",随即形成一只巨碗挂于空中。

开幕式中,"巨碗"将山东特色、全民全运、新中国成立60年成果展示尽显其中;巍峨泰山的崛起、圣人孔子的诞生、黄河入海的气势,也在"巨碗"上一一展示,通过立体的艺术语言营造出磅礴、恢宏的山东气势。

随着内容的不同，"碗"也变换着形状，让现场观众在感叹中国崛起的同时，也在感叹开幕式上使用的高科技技术。

在观众看来，"巨碗"的用料没有什么特别之处，好似绸缎，微风吹起的时候也会徐徐飘动。但是事实上碗幕的用料也是非常特别，采用了特制的防火、防水，并且有很好吸光性的材料制成。一条条的"绸缎"拼接起来，由两个大小不同的环连接起来，然后通过威亚将两个环吊起来，形成碗状的造型。

影像是如何出现在"巨碗"上的呢？据记者了解，在看台上层以及防爆通道的位置，分布在12个位置共计有48台投影仪，视频资料已提前录制好，再通过投影仪投射到"碗"上，最终形成各种鲜活的影像。"大碗"幕布创意绝佳，不过要达到影像的最佳效果，灯光的选择必须极度苛刻。而在现场所表现出来的灯光效果，绝对让人震撼。

在灯光效果的使用上，本届全运会可以说是前无古人，调用的特效灯有2500盏之多，数量超过2004年雅典奥运会。尤其是本次使用的高科技投影仪，是目前国际领先的投影设备，全世界只有70台，而这次开幕式就调用了48台。

直径50米的碗幕是十一运会开幕式演出最大的创意之一，夜空之下，与济南奥体中心体育场"西柳"构成两道晶莹的圆环。碗幕上播放出的视频画面，全场观众在任何一个角度都可以看到，碗幕的画面在整个演出中也起着起承转合的作用。

开幕式主创团队负责人告诉记者，包括运动会在内的多种类型的广场表演发展至今，大多是平面铺陈而鲜有立面应用。这一次他们试图在立面寻找一种拓展表演空间的手段，于是在中心表演区上方架设了这个碗状的投影环幕。作用有二：第一，可以作为平面表演空间的延伸，比如营造泰山耸立的巍峨形象；第二，可以将平面表演中的细部画面投放其中，给观众如同观看露天电影般的亲切感觉。

通体晶亮、振翅飞翔的和平鸽，高空中的张帆出海，演员的高空放歌……出现这些高空特效的精彩场面，主要得益于本次开幕式复杂而精密的高空威亚系统。据介绍，本次开幕式高空威亚的数量达到98条，除了数量，在体量、规模等各个方面均超过了国内历次大型运动会的开幕式。

体育场2万平方米地面全部是PG灯做底图案，是开幕式高科技方面的另一亮点。PG灯用灯光特效跟演员的舞蹈动作有机结合起来，大大提高了群体表演的效果。

如何让山东悠久的历史文化、辽远的地域特色与现代的艺术语言融合，在开幕式上熔铸成鲜明而深刻的山东印象？对于这样一个避之不开的难题，开幕式主创团队最终将目光锁定在泰山的崛起、孔子的诞生、黄河的入海、奥运的扬帆和济南的荷柳上，并通过立体的艺术语言营造出磅礴、恢弘的山东气势。

在文艺演出的第一篇章中，率先出现的是巍巍泰山。大碗幕上，云海浩瀚，泰山高耸，尽显"五岳之首"的雄奇。杜甫的《望岳》诗，将观众带入辽阔高远的意境：会当凌绝顶，一览众山小。

"有朋自远方来，不亦乐乎""温故而知新，可以为师矣"……500名幼稚童声吟唱的《论语》，让人们聆听到诞生于齐鲁大地的文圣孔子的智慧之音。黄河与大海的交融，奥运与帆船的辉映，都向人们展示了山东独特的自然与人文景观。而在展现泉城济南的篇章中，芙蓉街上潺潺的泉水，荷花仙子婀娜的身姿，尽显山东文化的别样风情。"常记溪亭日暮，沉醉不知归路。兴尽晚回舟，误入藕花深处。争渡，争渡，惊起一滩鸥鹭。"济南词人李清照的这首《如梦令》，让人们又沉浸在柔情和浪漫的情绪中。

北京残奥会

北京残奥会在全世界在奥林匹克精神的感召下，追求人类美好未来的共同愿望。尽管人类肤色不同、语言不同、种族不同，但我们共同分享奥林匹克的魅力与欢乐，共同追求着人类和平的理想，我们同属一个世界，我们拥有同样的希望和梦想。"同一个世界同一个梦想"（One World One Dream），集中体现了奥林匹克精神的实质和普遍价值观——团结、友谊、进步、和谐、参与和梦想。

北京2008年残奥会会徽以天、地、人和谐统一为主线，把中国的文字、书法和残疾人奥林匹克运动精神融为一体，集中体现了中国传统文化和现代奥林匹克运动精神，体现了"心智、身体、精神"和谐统一的残疾人奥林匹克运动精神，具有深厚的中国传统文化底蕴。

会徽图形部分，即由红、蓝、绿三色构成的"之"字形，以书法的笔触表现出一个运动的人形，仿佛一个向前跳跃的体操运动员，又如一个正在鞍马上凌空旋转的运动员，体现了运动的概念。"之"字有出生、生生不息之意也有到达之意。其字形曲折，寓意历经坎坷最终达到目标获得成功。

在会徽所使用的色彩中，红色，寓意着太阳；深蓝色，寓意着蓝天；绿色，寓意着大地。3种颜色的3个笔画综合起来成为一个运动的人形，即为"天地人"，体现了中国传统文化中"天人合一"的思想，表达了现代人秉持科学的发展观，追求运动的和谐，人的自身与自然、社会和谐发展的理念。会徽的色彩还充分体现了北京奥运会的三大理念。红色，是具有浓重中国特色的"中国红",体现了"人文奥运"理念；深蓝色，代表着高科技，体现了"科技奥运"理念；绿色，代表着环保，体现了"绿色奥运"理念。

北京2008年残奥会会徽"天地人"以汉字作为会徽图案，北京2008年奥运会会徽"中国印·舞动的北京"以印章作为会徽图案，"中国字"和"中国印"都是中国传统典型的文化元素，充满了中国文化特色，两者在思想上和艺术风格上遥相呼应。两个会徽相得益彰，相映成辉，突出了"人文奥运"理念，寓意深刻，表现力强。

根据北京残奥会体育竞赛项目设置情况，北京残奥会共20个体育图标，分别是射箭、田径、自行车、马术、七人制足球、盲人柔道、帆船、游泳、乒乓球、硬地滚球、五人制足球，盲人门球、举重、射击、坐式排球、轮椅篮球、轮椅击剑，轮椅橄榄球，轮椅网球，赛艇。

北京2008年残奥会体育图标是根据残奥会运动项目的特点，借鉴往届残奥会的成功经验，特别考虑到北京奥运会和残奥会赛时景观的周期有限，为了保持形象景观设计风格的延续性，北京残奥会体育图标采取奥运会体育图标相同的创意理念和设计风格，根据奥运会运动项目特征，进行全新设计的体育图标有12个，他们分别是马术、硬地滚球、射箭、五人制足球、盲人门球、举重、射击、坐式排球、轮椅篮球、轮椅击剑、轮椅橄榄球、轮椅网球。以奥运会体育图标为基础，根据残奥会运动项目特征进行微调的体育图标有两个，分别是七人制足球和自行车。其余六个图标沿用奥运会体育图标，分别是田径、盲人柔道、帆船、游泳、乒乓球、赛艇。

北京奥运会体育图标设计小组成员，中央美术学院负责设计创作和修改完善北京残奥会图体育图标及进行相关测试。其间众多的设计界专家，残奥会专家包括残疾人运动员代表提出了宝贵的意见和建议。根据总体工作计划，北京残奥会体育图标设计工作于2006年5月启动，经过研究规划，设计创作和评审修改三个阶段，于2006年11月完成了设计工作。2006年11月7日在第145次奥组委办公会议上讨论通过了残奥会体育图标设计方案。2006年12月7日，残奥会体育图标设计方案提交第47次执委会审计通过。

一届残奥会的体育图标不但要经过当届奥组委会的审核，还必须经过各体育联合会的批准。最终需获得国际残奥会的批准。2006年12月8日，北京奥组委向国际残奥委会及各国际残疾人单项体育联合会提交残奥会体育图表设计方案。此后陆续接到了各国国际残疾人单项体育联合会的批准函件，截止到2007年2月8日，各国国际残疾人单项体育联合会均审议并通过相关残奥会体育图标设计方案。在此基础上，2007年4月30日，国际残奥会回复批准了残奥会体育图标设计方案。也就是全部的设计方案已经通过了国际相关组织的批准。

8月29日至9月6日，为期9天的北京残奥会火炬接力沿"中华文明"和"时代风采"两条路线同时传递。传递城市和展示地点共计12个。"中华文明线"从北京天坛出发，途径中国著名的文化古都与历史名城黄帝陵、西安、呼和浩特、长沙、南京、洛阳，充分展现了中华文明的悠久历史和壮丽秀美的自然风貌；"时代风采"线也同样从北京天坛出发，途经深圳、武汉、上海、青岛、大连，最终到达北京，突出东部沿海地区经济建设在中国改革开放进程中带头作用的同时，也展示了中部地区经济崛起的成果，集中展现中国改革开放建设的伟大成就和时代风采。9月5日，经两条路线传递的残奥圣火在北京汇合后进行传递，9月6日到达残奥会开幕式，历时9天。

火种灯的设计延承了火炬的设计风格，天圆地方的外形体现了中国传统宫灯华美古典的意象，银色金属光泽和晶莹剔透的玻璃间的对比传达了残奥圣火自由奔放灵动飘逸的精神。

圣火盆的设计以中国传统的"鼎"和北京残奥会核心图形"祥云"为

设计元素，在形式上与火炬、火种灯协调一致，形成系列。圣火盆高130厘米，盆体深29厘米，立柱高为112厘米。56朵祥云象征中国56个民族把祝福带到五大洲；四柱八面象征北京残奥会欢迎四面八方的宾朋。

北京残奥会火炬与奥运会火炬设计理念相同，创意灵感来自"祥云"图案。祥云的文化概念在中国具有上千年的时间跨度，其所代表的"渊源共生，和谐共融"的意象是具有代表性的中国文化符号。火炬造型的设计灵感来自中国传统的纸卷轴。纸是中国四大发明之一，通过丝绸之路传到西方。人类文明随着纸的出现得以传播。源于汉代的漆红色在火炬上的运用使之明显区别于往届残奥会火炬设计，红银对比的色彩产生醒目的视觉效果。火炬上下比例均匀分割，祥云图案和立体浮雕式的工艺设计使整个火炬高雅华丽，内涵厚重。

1960年，来自欧美23个国家的400名伤残运动员聚集罗马，举办首次世界残疾人运动会。1976年，斯托克-曼德维尔运动会与世界残疾人运动会合并，在加拿大多伦多举办第一届国际伤残人士奥运会。

北京残奥会火炬接力以"超越融合共享"为主题。"超越"的核心是超越自我、挑战极限。它体现了奥林匹克运动"更快、更高、更强"的目标和残疾人体育运动的特点，展现了残疾人自强不息、顽强拼搏的精神风貌；"超越"也是心理上的超越，是残疾人摒弃偏见、渴望平等参与社会生活的诉求，是残疾人体育运动的精髓。"融合"体现奥林匹克"团结""和平""和谐"的价值观和中国传统的"天人合一"理念。"共享"体现了残疾人与健全人同属一个世界、携手共创未来的崇高理想。

北京奥林匹克公园标识

2009年9月1日，经过全球征集的奥林匹克公园新标识揭晓，该标识悬挂在公园几个大型出入口，以及设置在园区内一些公共设施上，而过去的"五环""中国印"等标识作为奥运遗产继续保留。

新揭晓的奥林匹克公园标识以五条纵横交叠的动感弧形线条为主，周围配以不同色彩的圆点进行装饰。奥林匹克公园管委会常务副主任王春表示，新标识代表了奥运之后北京的绿色、科技、人文三大理念，线条不仅象征公园随处可见的繁华密叶，还体现了以鸟巢为代表的奥运场馆群的高科技建筑结构；组成的"人"字形图案代表各种肤色的人们在一起欢呼雀跃；而源自奥运五环的五种主要色彩，则是奥运精神的延续。

奥运会后，如何进一步开发和利用奥林匹克公园一直是社会普遍关注的焦点。"按照国际惯例，多数国际组织都有自己专门的标识或LOGO，这对于提升品牌的影响力具有至关重要的作用。"据悉，目前园区内的五环标志和"中国印"将不会被拆除，而是作为北京奥运会的历史遗迹长期保留。